创业中国

万众创新时代下的中国创业

VENTURE CHINA

杜易　赵晓光 / 著

民主与建设出版社
·北京·

© 民主与建设出版社，2019

图书在版编目（CIP）数据

创业中国/杜易，赵晓光著.--北京：民主与建设出版社，2019.1

ISBN 978-7-5139-2008-7

Ⅰ.①创… Ⅱ.①杜… ②赵… Ⅲ.①创业—研究—中国 Ⅳ.①F249.2

中国版本图书馆CIP数据核字（2018）第301834号

创业中国
CHUANGYE ZHONGGUO

出 版 人	李声笑
著 者	杜易 赵晓光
责任编辑	周佩芳
封面设计	闰江文化
出版发行	民主与建设出版社有限责任公司
电 话	（010）59417747 59419778
社 址	北京市海淀区西三环中路10号望海楼E座7层
邮 编	100142
印 刷	三河市长城印刷有限公司
版 次	2019年6月第1版
印 次	2019年6月第1次印刷
开 本	710mm×1000mm 1/16
印 张	13
字 数	200千字
书 号	ISBN 978-7-5139-2008-7
定 价	58.00元

注：如有印、装质量问题，请与出版社联系。

前言

当今的创业者正处在一个深刻的社会变革中，十年、二十年的变化甚至超越了以前数百年的历程。从表面上看，巨大的变化体现在互联网的迅速发展，改变了人和人、人和物之间的关系。但从更深层次上看，这种变化已大大超越了以往的发展规律，达到了一种质变。可以说，这是一个大众创业、万众创新的时代。自从2014年李克强总理在达沃斯论坛上提出"双创"概念以来，中国的"双创"大潮方兴未艾。据2018年12月12日中国创客领袖大会发布的《2018双创白皮书》统计：2018年，中国市场主体总量已经超过1亿户，3500多家创业投资机构、4000多家科技企业孵化器、5500多家众创空间、120家国家双创示范基地正蓬勃发展，权威部门指出，这一数量位居全球首位，中国正成为世界上最大的创业国。

时下，"大众创业、万众创新"正进行得如火如荼，可以说整个产业和经济形态都变成了一个创业平台。具体来看，平台可能是微信、淘宝或百度，等等。围绕着这些平台，我们周围的每一个人都可能成为创业者。而反观现实，这个时代也需要更多的创业者通过创业创新的形式来建设起新的经济形态。除了经济形态发生改变外，"双创时代"还表现出许多自己的特色，其中之一就是青年创业者人数的增加，尤其是许多大学生投入到创业事业中。这些大学生具有当前新经济环境下所需的知识储备，有着年轻人一往无前的锐气，自然就成为创业生力军。实际上，对于一些在读大学生，头脑中早已有着创业的想法，在他们看来，以淘宝网为代表的网络购物和微信、微博等社交媒体的兴起，使创业门槛大幅降低，创业的机会前所未有地增加，而一些投资人也更愿意去投资大学生。他们的想法很现实：这些大学生还没有太多的生活压力，可以一门心思地扑在项目中，能为项目带来收益。

尽管当下的经济形势很适于创业，但对于创业者而言，还应该做好以下三件事情。

一是通过互联网有效地利用资源。从方法上要深刻理解和运用互联网，尽量减少中间环节，降低成本、提高运作效率，减少社会资源的浪费。不同于以往的是，新时代创业，会更倾向于用最小的力量来撬动最大的资源。

二是创业应该具有新模式。现在的创业创新要做和以往不一样的事情。今天的创业者应该将人的需求放在首位，以人的精神需要为前提，在互联网大环境下，充分利用各类网络软件所提供的大数据信息，做到全面准确地了解人的需求，进而为人提供精准服务，满足人的真正需要。

三是把握与时代匹配的理想。创业者面对新的复杂局面和快速变化的市场环境，除了要有敏锐的洞察力和判断力之外，还要有足够的勇气和智慧。过去的社会环境决定了创业者在创业时，要将与之创业有关的各类错综复杂、盘根错节的人情关系放在首位，因为这是可以继承的社会资源。而在网络时代的今天，各类信息愈发透明化，故而过去那种人情关系已变得不那么重要。于是而更倾向于个人的才能和智慧，以及团队协作的力量。因而，今天的创业者在创业前，最应该考虑的是自己创业的方向，自己所要做的事是否能将自己的梦想和现实结合，是否能充分发挥自己所长，通过和团队一起努力来创造价值的最大化。企业只有做出好的产品，充分实现自己的价值，才能最大限度地服务于社会，如此也才更有意义。总之，创业者是这个时代最迫切需要成长与进取的一群人，他们主动把自己置身于激流当中，走在时代的最前端。每一位创业者，都是一位冒险家，他们对创业过程中的各种不确定性充满挑战的意念，充分享受创业所带来的"乐趣"，他们深信，创业能够让生命变得更有意义，虽不能拓展生命的长度，但却可以拓展生命的深度和广度。从创业的第一天开始，创业者就将创业当作了自己的终身事业，抱定只要生命不息，对企业的牵挂和责任就不会停止。

有这样一句励志名言是这样讲的："愿每天叫醒你的，不是闹钟，而是梦想。"梦想才是创业者们仰望星空时耀眼的启明星。但如果创业者把创业当作投机，过分追求金钱，这种肤浅的创业就不可能会成功。创业者可以从赚钱开始，这无可厚非，但始终应该坚持的，还应该是为梦想而创业。因此，创业者要在创业的道路上不断自我追问，探寻和创新，这样才能最终走向成功之路。

实际上，创业的复杂程度远远超过一般人的想象，很多人因为有一技之长就想创业，但有专长和能创业根本不是一回事。比如，对一个厨师而言，他的工作是做菜，而创业却是开餐厅。对于一个程序员而言，他的工作是写代码，但创业却是办公司。开餐厅也好，办公司也罢，都远比做菜和写代码要复杂得多。所以，创业仅靠技能还不行，还需要发挥出自身的许多潜能才可以。

创业是一项复杂的系统工程，创业者要面对的不仅是招人、用人等人员方面的问题，还必须面对研发、供应商、生产、销售、代理商，以及工商、税务、融资等。这就注定了创业是一个不断试错的过程，只有走出去，亲自尝试，经历各种困难，体会各种人情冷暖，才会看得透彻，真正明白怎样才能把事情做好。因此，真正的创业者，不是流泪的人，而是含泪奔跑的人。在现今的创客时代，创业者面临的是一个前所未有的美好的创业环境，因此当创业者为了创业梦想尽情狂奔的时候，也不要忘记自己的社会责任。只有这样，才能真正地推动中国社会健康、平衡、迅速地发展，最终实现我们自己的中国梦。从更远的远方来看，时下创业者做的每一件事情、每一个产品、每一个服务，都正在让这个社会变得更好，而这，就是创业的最大意义之所在。

在此，致敬每一位创业者，愿每一个行动派的梦想家都能够梦想成真！

目录

上篇　最佳创业国度

第一章
全球创业看中国

政策：中国"双创"融入世界创业潮流 / 4

导向：想创业？去中国，别去硅谷 / 7

人数：中国正成为世界上最大的创业国 / 14

环境：创业环境让全球创业者振奋 / 17

技术：互联网技术发展助力中国创业腾飞 / 21

第二章
中国的创业精神

创业精神决定中国未来命运 / 24

中国人从不缺乏创业精神 / 27

中国已经是觉醒的雄狮 / 31

中国创业精神正在崛起 / 33

第三章
创业中国，厚积薄发

改革开放：40年探索与成就，意义非凡 / 38

中国市场：能量巨大，未来可期 / 40

基建成就：中国创造的N个第一 / 46

经济转型：实现快速平稳发展 / 49

第四章
中国创业新引擎

中国制造2025：与世界接轨 / 52

一带一路：开启多元"朋友圈" / 59

中国梦：实现民族复兴最伟大的梦想 / 61

互联网：中国经济发展的新动能 / 63

文化复兴：成为下一个创新中心 / 68

中篇　创业方法论

第五章
创业是一种修行

从0到1，创业定位 / 78

从1到2，打造爆品 / 82

从2到3，锁定用户 / 87

从 3 生万物，构建创业生态圈 / 89

第六章
创业者素质解析

创业的出发点：不忘初心，方得始终 / 92

角色扮演：创业者、销售员、管理者、技术员 / 95

正确的金钱观：不要为金钱透支健康和亲情 / 97

冒险精神：创业路上需要的原动力 / 99

契约精神：自由、平等、守信的精神内核 / 103

锲而不舍：要想成功，贵在坚持 / 105

恪守诚信：恪守诚信原则，建立信任合作关系 / 107

勤于学习：创业"新常态"需要学习型创业者 / 109

第七章
创业是一场自我革命

思维革命：打破定式不走寻常路 / 112

知识革命：超越认知走出舒服圈 / 116

技术革命：主动拥抱未来新技术 / 118

管理革命：重塑组织创新管理方法 / 120

文化创新：优化文化基因打造全新企业文化 / 123

第八章
兵无常势，创业有道

就地取材：选择适合自己的创业项目 / 128

产业集群：产业联盟，打造优势竞争力 / 130

小题大做：小商品也能做成大产业 / 133
无中生有：聚集和配置生产资源 / 135
品牌共享：市场竞争战略 / 137
逆流而上：甘愿承担风险，敢于挑战现状 / 140
分配股权：财聚人散，财散人聚 / 142

下篇　创业实战解析

第九章
整合资源：打造无敌创业团队

抱团打天下，合伙才能赢未来 / 148
创业初期最缺的不是钱而是资源 / 149
创业者该如何整合自己周围的资源 / 151
人在一起是聚会，心在一起叫团队 / 154

第十章
梳理模式：构建最佳商业模式

商业模式的本质：为用户创造价值 / 158
共赢是商业模式的核心 / 160
最好的商业模式是读懂人性 / 163
商业模式不是越复杂越好 / 166
没有被验证的商业模式一文不值 / 168

烧钱的发展模式并不适合大多数创业者 / 171

创业公司如何进行商业模式梳理 / 173

第十一章
撬动资本：启动创业助推器

资本带来的不仅是资金 / 180

为何 10% 的项目拿了 90% 的钱 / 182

如何快速拿到第一笔融资 / 184

引进资本合伙人如何分配股权 / 186

怎么能够找到靠谱的投资人 / 188

参考文献 / 192

上篇
最佳创业国度

从互联网诞生的那一刻开始，中国人的勤劳和智慧的优势慢慢凸显，由于中国传统家族观念的教育是要"出人头地"，因此这让很多年轻人开启了创业梦想，马云、马化腾的成功鼓舞着更多的年轻人投入互联网创业大军中。中国经济借助互联网技术，淘宝、微信成为年轻人创业的工具，提出"万众创新，大众创业"的口号，让中国成为最佳的创业国度，不断崛起的新电商、社交电商、个人创业新事物，不断激励着年青一代。由一群普通人组建的不到500人的"蚂蚁部落"，从社群孵化到蚁窝产业集团，也仅仅用了三年时间。一个个普通人逆袭的故事，注定让中国人相信，今天中国人不去创一次业，就没有真正地活过。

中国市场主体目前达到1.0024亿户，标志着中国市场主体迈入"亿户时代"。这一数量位居全球首位，中国已成为世界上最大的创业国。改革开放40年以来，中国市场主体从不足50万户到1亿户，增长了200多倍，其发展历程充分显示了改革开放的威力和市场经济的活力。

第一章
全球创业看中国

政策：中国"双创"融入世界创业潮流

随着国家的政策支持和创业创新热潮的持续升温，"双创"平台数量快速增长。据科技部火炬中心数据显示，1987年至2016年年底，全国纳入火炬计划统计的众创空间4298家，科技企业孵化器3255家，企业加速器400余家，"双创"平台总数接近8000家，数量居世界前列。目前，"双创"活动在向一、二线城市聚集的同时也逐渐回归理性，同时，我国"双创"平台的发展空间广阔，市场化、专业化、生态化以及国际化有望成为未来的四大趋势。随着创业生态不断优化，全民创业的热情更加高涨，新技术领域的创新更为强劲，而"双创"局面的蓬勃发展无不仰仗于政策东风，可以说，创业者的信心来自国家对创新创业的大力支持。据统计，从2013年5月至2015年年底，中央层面出台促进创业创新的相关文件多达24份，仅2015年一年时间，国务院发布的"双创"文件就多达8份，地方政府亦出台了2000多项相关配套政策。

一个个政策"红包"送到创业者身边。2015年3月，国务院办公厅印发《关于发展众创空间推进大众创新创业的指导意见》；5月，国务院《关于进一步做好新形势下就业创业工作的意见》印发；9月，国务院《关于加快构建大众创业万众创新支撑平台的指导意见》印发。同时，国务院常务会议多次提出用政府税收减法，换取"双创"新动能加法，税务部门全年支持"双创"减免税3000亿元以上。

依托中国创业环境的改变,在2015年的"双创"热中,全国平均每天新登记注册的企业达到1.16万户,平均每分钟诞生8家公司。这一年新登记企业443.9万户,同比增长21.6%,注册资本29万亿元,增长52.2%,均创历年新登记数量和注册资本总额的新高。其中信息传输和软件、信息技术服务业新登记企业24万户,同比增长63.9%。新注册企业在新产业、新业态领域快速发展,为中国经济结构调整注入了新活力,形成经济发展新动能。而创业创新的行为大部分都是在新的领域,从事一些新业态、新模式,促进新的成果转化,逐渐汇聚成新兴产业发展的强劲势头。除新设企业数量"井喷"外,创业投资是大众创业万众创新的"晴雨表"。2016年全年创业投资的募集资金用于中国内地投资资金的增长量超过80%,发生的投资案例数增长了1倍以上。改革开放40年来,每隔10年左右就会出现一次大的创业浪潮。从20世纪80年代初乡镇企业异军突起,靠买卖商品赚取差价的个体户开始出现,到20世纪90年代初干部、知识分子"下海热",再到2000年新世纪,中国迅速成为"世界工厂",互联网经济快速成长,互联网+开始普及,一大批优秀互联网+企业应运而生,如今迎来的"双创"第四次创业热潮又缘于互联网、大数据等新科技、新经济的兴起,每次创新创业浪潮都会给中国经济社会带来巨大活力。当前"双创"浪潮发生在中国全面融入经济全球化、企业面对国际和国内两个市场、经济发展从数量型向质量型转变、经济结构从二产为重向三产占先转变、经济增长从资源型向创新型转变的时代背景下,新一轮创业热潮必须以产品、技术、服务的创新为引领,创业与创新结合,依托新技术、新业态。

有研究指出,当前创新创业正遍地开花,形成了华北、华东、华南等五大创业中心,呈现不同特色。城市和乡村、沿海和中西部,随处可见创客忙碌的身影,中国经济"双创"印记日益鲜明,社会创新创业蔚然成风，大众创业、万众创新对中国经济发展的推动作用非常明显。2018年，中国将打造"双创"升级版，推出一系列政策措施，包括建设创新创业资源共享平台、完善中小微企业财政支持体系、加强知识产权保护等。这是自2014年提出"双创"概念以来，国家又一次在"双创"制度上做出大幅政策倾斜，意义非比寻常。从中央到地方推动"双创"活动，促进了各地的创业潮。

2017年4月27日，联合国设立"世界创意和创新日"，并呼吁世界各国支持"大众创业、万众创新"。中国"双创"理念写入联合国决议，显示了创新作为推动可持续发展的重要动力已获得广泛国际共识，中国方案再次为全球课题贡献智慧。联合国教科文组织与联合国开发计划署2013年11月共同出版的《创意经济报告》指出，个人与群体两方面的创造力和创新已成为各国在21世纪的真正财富。2018年4月，联合国大会在一项关于中小微企业的决议中强调，要重点关注这些企业在实现可持续发展目标特别是在促进创新和创意、创造和就业方面的重要性。联合国大会"世界创意和创新日"的决议说，创新对于发挥每个国家的经济潜力至关重要，呼吁各国支持"大众创业、万众创新"，这将为各国实现经济增长、创造就业凝聚新动力，为包括妇女和青年在内的所有人创造新机遇。联合国开发计划署助理署长兼亚太局局长徐浩良表示："在全球化所导致的南北贫富差距拉大的情况下，在经济增长与人口、资源、环境的矛盾日益突出的今天，单纯依靠消耗自然资源和发挥廉价劳动力的比较优势来积累资本、换取技术、发展经济的做法已经落后于时代……在自身技术创新能力与发达国家有较大差距的情况下，自主创新的同时，引进先进的创新和技术，可以节约大量的研发成本与时间，以创新技术实现弯道超车，实现后发优势，提高全要素生产率，促进经济发展……创新创业也是周边诸多国家的重要国家发展战略。中国可以积极分享科技创新及创业促进可持续发展的经验，对于其他地区形成辐射带动作用，向世界提供可持续发展的中国方案，包括统筹利用企业投入、社会资本、财政资金等支持创新创业生态系统发展的经验，作为中国南南合作的重要组成部分。"他还认为，创新对于发展中国家尤其重要，创新和科技在实现2030年可持续发展议程中17个目标方面都发挥着至关重要的作用，包括消除贫困、促进经济增长和创造更多就业机会、促进人类健康和农业发展、可持续城镇化、推广可再生能源技术以应对能源缺乏并减缓气候变化的双重挑战等。

联合国设立"世界创意和创新日"，既是对中国"双创"活动的响应，也使"双创"融入世界创业潮流。"双创"理念有助于推动国际社会更加重视创业和创新对经济发展的促进作用。许多国家（特别是发展中国家）认为，在当前世界经济复苏乏力的大环境下，跨国"双创"潮对于促进经济发展、增加就业起到了重要的引擎和推动作用。而中国提出的创新、协调、绿色、开放、共享的新发展理念，对加快实施创新驱动发展战略非常重要。

导向：想创业？去中国，别去硅谷

美国硅谷名校云集，各类高科技大、中、小型企业众多，曾经是创业的理想地方，吸引了全球许多创客。硅谷长期以来被誉为科技创新的摇篮，包括苹果、谷歌和优步在内的许多科技公司的总部都在那里。这种科技公司的群聚效应，也是新的科技公司得以不断孵化的重要因素。因此，想象中的硅谷是一个好地方：在明媚阳光下，青山绿水环绕，科技精英们为了一个创业或创新想法兴奋地交谈。然而，现实中的硅谷是这样一幅画面：101 高速上每天都会大堵，200 万美元一套的房子，不断上涨的房租，许多人都有撤离硅谷的想法。

不过，硅谷正在逐渐失去吸引力。据当地一家智库的数据显示，从 2015 年至 2017 年之间，搬离硅谷的居民人数有 44102 人。两年撤离 4 万多人，可见硅谷已经留不住创业者。一些大公司已经选择搬离硅谷或在硅谷之外谋求发展。2018 年 2 月，硅谷著名投资人、PayPal 联合创立人彼得·蒂尔（Peter Thiel）离开了自己居住了三十多年的硅谷，搬到了洛杉矶。这位被誉为"硅谷天使""投资界思想家"的金融大鳄厌恶了硅谷的左翼社会文化，对硅谷的未来越来越失去信心。跟随他离开的还有他的大部分投资业务以及他的蒂尔基金会。成立于旧金山的手机应用电商比奇应用程序，被评为全美发展最快的创新公司之一，但因硅谷高昂的房租和人力成本，公司已经决定将总部搬到加州南端的圣地亚哥市。谷歌在美国其他州雇用的人数已经超过了在硅谷的员工人数，苹果公司 2016 年在内华达州里诺市建立自己的数据中心，亚马逊已经决定不会考虑硅谷作为第二总部的选址。可以预见，随着人才大量从硅谷外流，更多科技公司可能也会部署自己的部门迁移计划。

不同于彼得·蒂尔，更多的科技从业人员离开硅谷是出于无奈。据 2015 年 CNBC 的统计，有 25% 在硅谷居住的人想离开，不断上涨的房租与房价成了逃离硅谷的首要原因。由于房源有限，而购房者不断增加，使得硅谷的房子供不应求，而房价也随之水涨船高。据美国房价信息网站 Zillow 最新数据显示，硅谷九县中五县的房价中位数都超过 100 万美元，而全美的房价中位数仅为 25 万美元，买一套硅谷房子的价格可以买四套外州的房子。2018 年 3 月，位于硅谷 Sunnyvale 市的一座 1950 年建的两室一厅 80 平方米不到的房子竟然卖出了 200 万美元的天价。另一个促使人们离开的原因是不断恶化的交通、物价状况。据《2017硅谷指数》的数据，自2015年起，由于交通拥堵的不断恶化，硅谷在101高速的很多个路段，个人平均日通勤时间已经达到了72分钟，仅次于纽约市的74分钟，在美国排名第二。相比之下，美国中西部一批正在兴起的科技城市日平均通勤时间仅为十几分钟，而物价也远远低于硅谷的平均水平。媒体采访了几位搬离硅谷的工程师，每个人都认为在硅谷外有更低的房价、物价和压力更小的工作环境。虽然收入有所减少，但是物质上花销的减少与压力的减小也可以弥补这一不足。在这些新兴的科技城市中，自由的创新氛围、相对低廉的物价、房价以及当地政府的政策支持，让年轻科技从业者的压力相对变小。

不仅打工者想要搬离硅谷，创业者们也在蠢蠢欲动。一位创客表示，硅谷创业优势正在逐渐减弱。现在不少风投也建议创业者不要为了创业而搬到硅谷，除非公司已经形成一定规模，就像当年的Facebook那样，准备做到世界级的科技公司。对于创业者而言，雇用一个工程师的价格过于昂贵，15万美元加上一系列福利，可能一下子就20万美元。对于一个初创公司来说，如果没有风投公司的支持，很难在硅谷支撑一个公司的正常运转。而从软件工程师的技能水平看，虽然目前硅谷的工程师在全美仍是最优秀的，但是这种优势正随着人才涌入其他科技城市而变得越来越不显著。

与硅谷相比，中国却形成了越来越有利于创业的环境。2015年，全国高校毕业生总数近750万人，归国留学人员预计将达40万人。勤劳而智慧的中国人，蕴藏着无穷的创造力，千千万万个市场细胞活跃起来，必将汇聚成发展的巨大动能。谈到中国的创业前景，德国HSEB公司战略部主任克林格尔表示："人才是创业的根本动力，中国在这点上，有着其他国家难以匹敌的储备。中国有这么多接受过高等教育的人才，哪怕心怀创业梦想的人只占其中小小的比例，那也将是很可观的数字。中国中小企业的发展，正呈现雨后春笋之势。"HSEB是一家半导体与光学检测系统供应商，已在中国发展业务多年，因此，克林格尔对中国企业的发展和创业前景印象深刻。对中国青年创业才能印象深刻的，还有欧洲创业组织"年轻思维"创始者安德鲁·杰罗萨。他2009年在布鲁塞尔创立"年轻思维"，并在香港设立分支机构，每年暑假，他都会组织来自中国内地和香港的年轻大学生与欧洲同龄人进行创业交流。在活动中，他会邀请各国创业者现身说法，通过和创业者的直接交流，消除各国年轻人对于创业的畏惧，激发创业的活力。杰罗萨说："中国年轻人非常有创业激情。中国许多大学生的头脑中都有创业的想法，以淘宝网为代表的网络购物和微信、微博等社交媒体的兴起，使创业的门槛大幅降低，创业的机会前所未有地多。与中国年轻人相比，今天的欧洲年轻人则保守得多，大多是在想如何在大企业里或者政府里找到一个稳定的工作。"近年来，中国蓬勃的创业创新大潮，不仅给中国提供了巨大的就业市场，同时也为欧洲提供了许多就业机会。只要看看中国企业华为在欧洲招聘了多少最优秀的工程师，就可以知道其蓬勃发展的速度了。

在国外专家看来，中国政府一直在培植创业创新文化，这使中国已经具有了创业的土壤。汉高公司全球战略部经理康斯坦丁·埃雷特曾经被派驻到中国工作6个月，他对中国万众创业的美好前景有强烈信心。埃雷特说："中国已成为世界创业最活跃的市场之一，这从整个社会对创业体现出的成熟心态、各行业充沛的高素质人才上都能看到。一边有马云等创业成功人士作为榜样，一边有中国政府的简政放权，中国的创业潜力毋庸置疑。中国很快就会出现一座国际创业之都，与美国硅谷、英国伦敦和德国柏林齐名。"柏林经济研究所国际经济学研究部主任克里斯坦·德瑞格尔认为，目前中国经济与正在进行的经济结构改革，必将刺激更多消费，发展服务业，推进人们探索更多细分市场，刺激在新领域中的创新。此外，还将促进中国金融领域的更多改革，以促进创业和经济增长。德瑞格尔说："中国要跳出'中等收入陷阱'，离不开创新这根杠杆。中小型企业因其灵活性，与大型国企相比，具有天然的创新优势，也更热衷于创新。"

在中国工作过的德国媒体人安娜玛丽·海尔说："2014年，阿里巴巴在美国上市融资250亿美元，创下世界纪录。小米公司5年之内总市值就高达540亿美元，成为世界最具价值的科技创新企业之一。这都表明，在中国，无论在规模还是盈利上，创新企业具有广阔的发展空间。"美国IBM公司首席创新官琳达·伯尔南迪过去10年曾到中国十多次，但最近一两年中国一系列的变化令她印象最为深刻。她认为，目前中国拥有十分理想的创业创新环境，中国现在比以往更容易产生好的创新想法，可以在世界上任何地方施行，而且中国资金充足、人力资源丰富，人们充满创业创新的热情和自信。而这是美国硅谷10年或15年以前曾有过的现象。

李开复谈到中国的创业环境时认为，全世界最有价值的公司，大概三分之二在美国，剩下三分之一里面的三分之二在中国，现在的格局是中美两强。中国创业环境的优势包括四个方面：

第一方面，包括三点。一是中国市场够大。如果以移动互联网作为一个例子，在国内，现在移动用户大概接近7亿，3.5亿是能够用手机支付的，这个数字是特别巨大而且至关重要的。因为在一个网络世界里面，对网络的价值计算不仅仅依据人口有多少，还有一个互联网界的规则，即一个网络的价值是其节点数的平方。所以如果说美国有两亿用户，那么价值是两亿的平方，中国有7亿用户，价值是7亿的平方，所以中美之间不是3.5倍的差距，而是10倍的差距。如果中国市场利用得好，经过网络发挥价值，就应该比美国的价值高得多。今天在中美之间，美国的顶尖互联网公司是中国的3倍估值，这个看法应该有可能被逆转甚至颠覆。中国应该有可能超越美国。当然这里忽视的是美国公司做的不只是美国市场。二是中国城市巨大。中国上网人口非常集中地聚集在大城市里，美国的前三名城市在中国只能排到前40名左右。当考虑到这些人需要打车、订餐、配送、上门服务时，他们在一个城市里的力量是巨大的。这使中国在电子商务的很多方面具有非常独特的优势，因为在城市里面有快速崛起的中产阶级。三是中国人口密集。中国有大量的蓝领人口，他们在大城市里面打工或者在某一个工厂里工作，这一批人在一个新崛起市场里面，扮演着重要的角色。如开一个淘宝店，开个滴滴、快的或E袋洗公司，帮着京东、阿里做配送物流时，这批人是至关重要的。在中国他们每小时所期望的工资可能只是美国的五分之一，就可以把整个系统运转起来。而在美国，在没有巨大补贴的情况下，很难想象可以把E袋洗或者美甲的工作做到足够便宜。有些人说大众创业不会乱吗？当然不会，因为并不是所有大众创业都想做百度、腾讯，将个体户、淘宝开店、滴滴开车等都算进来，这是巨大的崛起力量。他们工资的差额和所提供的市场服务是巨大的优势，这是中国人口优势的分析。

第二方面，政策的执行在中国可以非常快速。快速的执行一般会带来商机。大力整治酒驾，会有代驾公司出现；上海、深圳出现自由贸易区，这个时候就会发现有很多公司进口奶粉、母婴用品，甚至汽车。所以聪明的创业者应该看中央电视台，里面有很多商机，因为政策执行得非常快速。最近看到生育的政策有了改变，是不是会带来更多创业机会？当一个国家有很多新的政策而且执行速度非常快时，那么就会有很多的商机，所以聪明的创业者在中国的机会比在美国多。美国一个新的点子会被两党讨论很久，整个全民辩论需半年、一年才能执行。

第三方面，国内的创业生态圈已经建立起来。创新工场的创投从天使早期、A轮、B轮、成长轮，到私募二级市场上市、新三板，整个链都串起来了。创新工场六年前还缺少一两环，但现在已经比较完整。国内可以看到一群数目巨大的天使投资者，从腾讯、阿里出来的天使，远远超过从硅谷出来的天使，他们挖掘了更多项目，推动了更多创业。创新工场六年前开始的时候，很难找到连续性创业者，而现在非常多，创新工场投的项目可能有三分之二都是连续性创业者。

第四方面，中国的创业机会在于传统企业的品牌没有那么强势和垄断。这点虽有很多人不会同意，但事实如此，可以举一些例子。比如在美国，有很多伟大的百年老店，如《纽约时报》《华尔街日报》，它们的品牌本身很强大，所以一个《今日头条》没有那么容易打进这样的市场，更多人愿意花钱去看《华尔街日报》这个著名的品牌。所以，传统的力量可能会强大到难以被创新打破。又如在美国，蜘蛛侠、金刚狼、美国队长、钢铁侠、雷神托尔、绿巨人、死侍、蚁人等这些都是漫威做出来的，你在美国打造超级英雄，你必须向漫威学习，否则没戏。但是在国内，网上的各种电影，像《十万个冷笑话》《煎饼侠》这些都是新的代表作品。在国内没有大山挡着你的创业，所以你真的可以从互联网做起，打造一个新的品牌出来。

人数：中国正成为世界上最大的创业国

目前中国市场主体已达到 1.0024 亿户，标志着亿户时代的到来，这一数量位居全球首位，中国已成为世界上最大的创业国。国家市场监督管理总局统计分析表明，亿户市场主体中，个体工商户占比近七成，显示了中国万众创业的市场活力，企业占三成，另外有占 2% 的农民专业合作社。中国独立市场主体是从改革开放以后发展起来的。改革开放 40 年来，中国市场主体从不足 50 万户到 1 亿户，增长了 200 多倍，其发展历程充分显示了改革开放的威力和市场经济的活力。20 世纪 70 年代末允许个体工商户经营，1980 年颁发了第一份个体工商户营业执照。1988 年颁布的《私营企业暂行条例》允许申请开办私营企业，1993 年颁布的《公司法》允许创办有限责任公司和股份有限公司。改革开放以后建立了外资企业立法体系，催生了各类外资企业。

自十八大以来，中国市场主体在原来快速增长的基础上加倍提速。从 2012 年的 1300 多万户到 2017 年突破 9000 万户，5 年间增长 70%。目前仍保持"井喷式"快速增长，每天增长约 5 万户。突破 1 亿户，得益于"放管服"改革，国家破除阻碍市场准入的堵点，将 226 项工商登记前置审批事项中的 87% 改为后置或取消，降低了百姓投资创业门槛。中国第 1 亿户市场主体、北京一家高新技术企业联合创始人冯是聪感受到改革后的便捷，他说："前一天网上提交材料，第二天就领到了电子营业执照。"

国家市场监督管理总局企业法人库管理处副处长潘牧说："市场主体量的'井喷式'增长，促进了经济结构质的优化提升。"5年来，高新技术产业等新产业新业态迅速增长，服务业企业占新设立企业近八成。新开设的个体私营企业成为扩大就业的主力军，创造的就业占城市新增就业的四成。世界银行公布的数据有力印证了改革的成果，近5年中国营商便利度排名提升了18位、开办企业便利度大幅上升了65位。这些改革为创业建立了更为便利的环境。

市场准入门槛大幅降低、涉企证照大幅精简，注册资本实缴改为认缴等改革举措，切实转变政府职能，还权于企业、还权于市场，有效激发了百姓的投资创业热情，激发了市场的活力。开设企业便利度如何，是市场经济体制是否健全的重要标志。以前创业要有注册资本，资金要达到一定金额，还要存入银行一段时间，各种手续批下来又要很长时间。现在市场准入的门槛大大降低，这对于很多新业态、青年创业者尤为重要。在这1亿户市场主体中，近五年内增长的数量占七成，其中企业数量每年增长20%。市场主体的资本总额达313.13亿元，其中实有企业注册资本达302.69元，比2012年增长了近三倍。每千人拥有的企业数量是市场经济活力的风向标。到2018年一季度末，全国千人企业数量达22.54户，比改革前增长了一倍。亿户时代为全面建成小康社会奠定了雄厚的市场基础。亿户时代不仅表明我国市场主体数量全世界第一，市场主体的质量、成本和效益都很可观。十八大以来，产业结构持续优化，新兴产业发展突出。改革促进了高新技术产业、新兴服务业、互联网+等新产业新业态蓬勃发展，第三产业企业量年均增速达17.1%。在新设立企业中，服务业企业占比近八成。教育、信息技术服务业、文化体育和娱乐业年均新设企业数量分别增长两倍以上。符合产业结构调整方向的第三产业大量增长，中小微企业规模小但活力强，为催生发展新动能提供了微观基础。这表明我国经济的动力结构发生变化，结构调整取得成效。

步入亿户时代，社会创业热情持续高涨，促进了民间投资不断释放，连接着投资和消费两端。五年来全国私营企业数量增长146%，注册资本增长近5倍。企业吸纳了多少就业、交了多少税是判断市场活跃度的硬指标。统计显示，新增市场主体创造的就业占城市新增就业的四成。2017年全国城镇新增就业超额完成预期目标，新设企业发挥了关键支撑作用。2014年以来，全国报送年报的企业纳税总额也由2013年的9.66万亿元提升至2016年的13.65万亿元。市场主体多说明市场微观细胞活跃，创业兴盛，但还需要进一步做强。与改革开放初期不同，高新技术产业、新兴服务业等新设市场主体快速发展，正成为大众创业、万众创新的风向标，为经济发展注入了新活力、新动力，以适应新时代和新趋势，利用新机制培育科技含量更高的市场主体新业态。

2018年的最新数据指标传递了实体经济的积极动向。接入38万台工业设备、涵盖5000种机器参数、积累1000多亿条数据的互联网大数据平台"生产"的挖掘机指数，为分析宏观经济形势、实体经济运行提供了参考。今年5月，大型挖掘机作业时间同比增长超23%，中型挖掘机同比增长近15%。目前挖掘机开工率处于历史高位。在2018年1~5月，制造业31个类别中28个行业用电不同程度增长，国家铁路货物发送量同比增长6.9%，这些先行指标也传递出实体经济的积极信号，并在国家统计局的数据中得到印证：2018年前5个月，规模以上工业增加值增长6.9%，5月，41个工业大类行业中36个增加值保持增长态势，596种主要工业产品中368种实现增长。这些主要行业、产品是中国经济运行的压舱石，它们保持稳定中国工业就不会大起大落。结构和效益也为世界最大创业国提供了良好的基础；2018年前5个月，高技术产业和装备制造业增加值分别同比增长12%和9.3%，分别比规模以上工业高5.1个百分点和2.4个百分点。

2018年1月至4月，全国规模以上工业企业主营业务收入增长10.5%，比前3个月加快0.9个百分点；利润增长15%，比前3个月加快3.4个百分点。还有两个数据的变化具有标志性意义：2018年5月，工业生产者价格指数（PPI）上涨4.1%，在四个月以来首次由下降转为上涨；制造业PMI为51.9%，达到了2017年10月以来的高点。

以上数据标志了创业大国的现状，各类政策措施也为新一轮创业潮提供了支撑。2018年2月，深圳出台营商环境改革"20条"，对标一些发达国家和地区，以世界银行营商环境评价体系为参照，其中，126个政策点均是通过强有力的改革来营造更加优良的营商环境，为创业提供便利。2018年是改革开放40周年，从发布海南改革开放新部署，到进一步深化广东、天津、福建自由贸易试验区改革开放；从新一轮机构改革大幕拉开，到多地出台简政放权、减税降费等具体举措。重大改革开放部署连番出台，提振了实体经济的信心。金融是实体经济的血液。在2019年，金融领域深化改革开放的力度加强，放宽银行、证券、保险行业外资股比限制加快落地，还放宽外资金融机构设立限制，一系列举措的重要目的就是支持实体经济发展，为创业大潮提供环境条件。

环境：创业环境让全球创业者振奋

如今，中国从上到下的各种"双创"优惠政策、巨大的市场潜力、惊人的创新效率使得到中国来创业成为一种潮流。

"一道乐"是一家德国的初创企业，专门为中国游客提供欧洲实时购物咨询。2014年创业之初，这家企业创始人弗莱德就将中国作为寻求投资的重要一站。事实证明，弗莱德不虚此行，他不仅得到了来自中国地方政府的支持，顺利进行了法律备案，而且当年夏天就获得了中国泰山天使投资基金几十万美元的投资。弗莱德说："中国良好的创业环境，令我感到十分振奋。在投资者身上，我们看到了一个蓬勃发展的中国。越来越多的中国投资者愿意支持初创企业，不仅提供资金支持，还提供知识与经验等'智力资金'。"这两年，人们的创业热情高涨。中国社会的创业热度，政府对创业的支持力度，像弗莱德这样在国外却深有感触的人很多。

英国伦敦国王学院教授米萨·德荷勒是一位创业导师，有丰富的创业经历。2002年，他创立了一所名为"世界愿景"的无线技术企业，曾在包括中国在内的世界多国与当地政府和企业合作。他看准了中国城镇化发展的机遇，将"智慧城市"解决方案带到中国，并在无锡找到了一家合作企业。"真希望欧洲也能这么关注创业。"谈到政府支持创业的重要性，德荷勒感叹道。作为一个创业者，他切身感受到金融支持对初创企业的重要性。他认为，中国政府对创业的大力支持，包括政策和经济等方面的支持，使得像华为和小米这样的企业蓬勃发展，并走出国门。这些支持令欧洲企业羡慕不已。

2016年6月在沪举办的Tech Crunch国际创新峰会上，一个有趣的现象就是，尽管参展的企业多数来自中国本土，但幕后老板却是外国人。几名外国创业者在Tech Crunch峰会上分享了他们在中国的创业故事。

三年前加入深圳硬件加速器企业HAX法籍合伙人的乔夫（Benjamin Joffe）说："中国已经成为全球硬件的'震源'，深圳就是硬件的'硅谷'，这里一丝一毫变化，都会对全球供应链产生深远影响。中国本土的硬件巨头，比如小米、One Plus和大疆无人机企业已经在全球舞台上崭露头角，围绕这些硬件的周边产品就已经形成一个巨大市场。"HAX公司在中国的快速发展已成为大量外国人才涌入中国市场的典型案例，这推动了深圳在硬件领域的快速发展。如今，HAX 已是深圳最大的硬件孵化器，被称作"硬件复兴的触点"。现在 HAX 已经投资了几十个项目，这些项目的融资额在 10 万至 100 万美元不等，甚至还有一些超过 100 万美元的项目。风投基金 SOSV 参与投资了 HAX 公司，合伙人比恩（William Bao Bean）说："中国团队的创新给了我们很多的启发，我们还让外国团队去执行他们的点子。"

加拿大人劳伦斯（Will Lawrence）两个月前放弃了旧金山的高薪职位，作为联合创始人加入深圳一家本土的创业公司。劳伦斯说："美国已经是很成熟的市场，而在中国，没有人规定市场一定是什么样的，你有无限的可能去实现你想做的。我们的创业项目是互联网广告设计，公司过去两年的业绩增长了 16 倍，这是你在美国无法想象的增速。虽然中国的科技实力不如美国，但从单个项目的创新效率来看，中国部分创业公司已经赶上甚至超过了美国公司。"虽然来中国仅仅两个月，劳伦斯已经总结出了一些中国创新效率如此之高的原因："中国的创业环境和全球其他地方非常不同。在美国，一个项目从头脑风暴到设计，再到用户体验，各个部门的人都要集体参与其中，这是一个全公司的项目。但是在中国，负责不同业务的团队专注于自己的领域，从某种程度上来说这样更有效率，但对于项目的长期发展而言可能不是好事。"

高端餐饮外卖创业公司"外卖超人"的美籍首席执行官（CEO）兼创始人刘凯（Lucas Englehardt）说："虽然我长了一张白人脸，但我们公司注册在中国，我们的团队、客户都是中国人。身边很多朋友知道我要来中国后都十分羡慕，他们觉得中国拥有目前最令人浮想联翩的市场。我们是一家百分之百的中国公司，技术、产品运营都在本地，这很关键，因为每个城市都不一样，你要花时间去研究当地人的消费习惯，他们需要什么东西,你必须了解本地的市场。"为了更好地融入中国,他还特地为自己取了一个中国名。"外卖超人"是一家德国投资公司在中国的本土化项目,完全独立运营。对于在中国创业的外国人而言,要了解这个市场,必须要有合作伙伴和本土化的员工。在"外卖超人",除了老板之外,400名员工全部是中国人。刘凯说:"只有本地的员工才能了解本地的市场,对我来说最大的挑战可能就是不会中文。"

纪源资本(GGV)管理合伙人珍妮·李(Jenny Lee)是一名活跃在硬件行业的投资人,曾是无人机工程师,她说:"中国硬件公司的创新效率惊人地高,一家深圳的硬件创业公司把一个概念做成产品只要六个月,而在美国通常需要两年。"

马伦(Justin Mallen)作为无线通信服务和云计算解决方案的提供商,在中国开办了一家公司。在他看来,中国的基础建设相比印度更为完善。马伦说:"1990年我就来过中国,当时在中国坐飞机还很奢侈,而为了买一张火车票要排上一小时的队。现在我在中国每周都要坐好几趟飞机。"

在高风咨询合伙人罗威(Bill Russo)看来,越来越多的外国创业者在中国注册公司,一方面是看好中国的市场,另一方面是作为外资进入中国市场的话,成本会比较高。他说:"即使是非常成熟的(外资)企业,都很难在中国独善其身,创业企业如果照搬国外模式就更难生存了,这也是为什么越来越多的创业者要以中国企业的身份进入市场、寻求中国投资的原因,公司架构和知识产权结构在不在中国有着非常大的不同。"这就像劳伦斯所惊叹的,一家本土的公司可以在两年内增长16倍,中国巨大的市场潜力和惊人的增长速度吸引了众多国外创业者。

技术：互联网技术发展助力中国创业腾飞

互联网技术的快速发展，推动互联网＋的扩展态势，这将全面地提升生产效率和技术水平，在生产制造领域形成全面的新生态、新业态，为创业预备良好的技术平台。互联网＋的扩展还将促使消费市场迅速成长，为创业准备可观的市场前景。

在生产领域，互联网＋行动计划将能够作为新引擎促进产业的全面转型升级，并将带动新一轮创新驱动型的产业布局和投资。如互联网＋行动计划促进传统制造业进行变革，对企业竞争力的提升前所未有。目前，许多国际企业为适应瞬息万变的市场变化，将生产制造的设计放在云端，使市场的需求变化能通过互联网实时传递到智能设计制造上，以最快速度完成制造，并经过物流第一时间送达消费者。互联网与制造业的融合，也将引发工业互联网、智能制造以及"无工厂制造"，极大推动传统制造业转型升级，加快由中低端向中高端的迈进。同时，互联网＋也让现代制造业管理更加柔性化，更加精益制造，更能满足市场需求。再如，互联网与传统农业跨界融合，可以推进我国农业生产向精确化、智能化和高效化的现代农业发展。由此产生的新的投资方向和投资布局会更加有效合理，将助推整个产业经济的提质增效，激发产业资本的活力。

在消费领域，互联网＋行动计划将能够产生新的消费服务方式，从而进一步扩大有效需求，激发巨大的市场活力和潜能。互联网＋将推动传统服务业向网络化方向发展，推动支持交通运输、商贸旅游、物流配送、餐饮家政、育幼养老、在线教育等公共服务领域的资源整合与优化配置。与此同时，互联网＋将催生一大批新的产业业态和消费业态。如大规模在线教育培训平台的搭建、新型居家养老服务模式的形成、智慧物流线上线下一体化的构建，都将改变目前的生活方式。再如，互联网金融对传统金融服务的改革创新，已经创造出了包括移动支付、第三方支付、众筹、P2P网贷等模式的互联网金融，这就可以让用户在足不出户的情况下满足金融需求。又如，随着传统媒体与新媒体的加快融合，新的阅读方式、内容生产与消费也将根本改变人们的文化消费方式。

因此，各种互联网＋行动计划将营造浓厚的"大众创业、万众创新"的氛围，激活千千万万市场细胞活跃起来，激发千千万万的创客应运而生。如阿里巴巴、腾讯、百度等互联网公司及其创业者已经成为当代中国年轻人创业的时代楷模，这些青年才俊都成长于互联网时代，在巨大财富效应的背后孕育起来的是创新创业文化。互联网＋行动还将开启新一轮创业机遇。目前国家已设立400亿元新兴产业创业投资引导基金，为产业创新加油助力。国务院颁布的《关于发展众创空间推进大众创新创业的指导意见》在功能上和创业创新平台上形成良性互动，推动人才、资本、技术、知识的自由流动，让草根创新创业蔚然成风，让创新创业之树根深叶茂，把亿万人民的聪明才智和创业梦调动起来，从而真正汇聚起中国经济发展的巨大动能。

当前，新一轮科技革命和产业变革正在加速推进，以信息、生物、新材料等为代表的新技术突破正在成为新的经济增长点和创业、就业的源泉，这是中国经济社会的新常态和新业态，也是互联网＋的新常态。要切实发动起这一引擎，还需要努力消除互联网跨界融合发展的体制机制障碍，深入推动"宽带中国"战略、加大基于互联网的创新技术研发力度、切实保障网络空间安全和信息安全、促进创业，等等。互联网＋行动的引擎已启动，将会给中国带来新一轮创业大潮。

第二章
中国的创业精神

创业精神决定中国未来命运

李克强总理在 2014 年 9 月的达沃斯论坛上发出"大众创业、万众创新"号召,使"双创"一词开始走红。数月后又将"双创"写入了 2015 年政府工作报告进行推动。次年 6 月 4 日,国务院常务会议决定鼓励地方设立创业基金,对众创空间等办公用房、网络等给予优惠;对小微企业、孵化机构等给予税收支持;创设新的投贷联动、股权众筹等融资方式;取消妨碍人才自由流动、自由组合的户籍、学历等限制,为创业创新创造条件;大力发展营销、财务等第三方服务,加强知识产权保护,打造信息、技术等共享平台。现今正在汇成一个"大众创业、万众创新"潮流。如在北京中关村这样的创业者集中之地,创业者和投资者相互追逐着,每天都有新的创业和资本故事发生。在经济形势和国家政策鼓舞下,不仅中关村,全国大小城市中创业创新都已形成不可阻挡的势头。

每年七八百万大学毕业生的就业也推动了创业潮的持续,但创业创新不只是缓解就业压力。在目前中国经济发展减速的背景下,创业创新不仅可以给中国带来前所未有的激情和活力,并且也将给中国现有的商业文化和社会生态带来重大变革。创业推动了一个波澜壮阔大时代的到来。日本索尼公司创始人盛田昭夫和右翼政客石原慎太郎在 1990 年时出过一本书《日本可以说不》,当时日本的 GDP 相当于 5 万亿美元,跟美国差不多,似乎日本即将超过美国。为什么后来没有超过美国呢?因为美国是一个创业国度，还有纳斯达克、资本市场、交易所、风险投资、KBCB等，既有很多创业投资家，也有很多像乔布斯那样的创业家。中国的潜力在人，因此潜力巨大。211高校的很多学生，如果集中在一起，很好地组织，给他们创业创新投资，相信没有攻克不了的世界难题。这至少将使中国在将来的科技领域取得巨大成功。中国有13亿人，即便有2亿~3亿人变成创业者，人类史上下一个奇迹也一定能发生，中国的盛世就是世界的盛世。个人的创业成功将汇集成国家的美好未来，决定中国的未来命运。

传统体制无法满足经济和产业转型的需要。无论是中国还是世界，未来经济增长的最大动力都来自科技创新所带来的技术革命和产业革命，其中，必然涌动着创业潮。可以说，谁把握了新技术革命的方向，谁就掌握了未来发展的主动权。没有创业创新活动，中国就没有前途和未来。创业创新当然会有风险，并且风险还不小，创业的失败率向来都是超过90%的，创新的成功率显然更低。从个体来讲，创业创新失败的风险确实很大，不要为出现泡沫和风险忧心。但是，加入创业创新行列中的人越多，创业创新成功的绝对量就会越大，中国就越有机会把握新一轮技术革命和产业革命的主动权。在中国总体科技创新能力还不太强的大背景下，"大众创业、万众创新"的战略、战术也许是最管用的方法。

创业者必须在创业创新中学会管理风险和战胜风险。打仗是越打越会打，越打胜利的概率就越高，创业创新也是如此。整体创业创新素质和能力的提高，会使创业创新的成功率极大提高。据报道，以色列科技型创业企业的成功率高达60%。毫无疑问，以色列人的创业创新传统，对其创业能力的提高起到了决定性作用。以色列710万的人口，但在纳斯达克上市的公司比英国、法国、日本的都多。这是一个创业故事，这是国家的创业，需要很多人和很多创业者共同努力。可见，完全不必担心创业者没有经验，从知识结构和视野上，现在的年轻人甚至更胜一筹，他们需要信任、机会和历练。创业创新中自我决策的机制，会让创业者把握自己命运的意识更加强烈，促使中国未来商业文明转型出现新的动力。在创业创新中，出于直接的利益需要，创业者不得不学习更多的经济和法律知识，学会自己决策，同时也要为自作主张付出代价。从由别人说了算，到自己说了算，决策权的转移意味着自我价值的实现，也意味着更大的责任。这就倒逼创业者必须努力提升自己，以提高自己负责任的能力。一代人整体决策意识的觉醒和决策能力的提高，这股活力将从企业层面开始，逐步向更大的经济领域和社会领域过渡，影响国家的未来命运。

对现行社会运行机制问题的直接感受，会让创业者产生更强烈的改革愿望，成为中国改革的推动型力量。因为一旦开始创业创新，就意味着必须直接面对工商、税务、质检等各行政部门，同时也会接触到社会各个层面的事务以及形形色色的人群。这就会让他们在短时间内，对现实中存在的问题和弊端有更真切的体会和更深刻的认知。这将促使人们在法律和政策框架内通过公开的方式解决问题。加上对于社交媒体的熟练运用，这种方式可以推动一些共性问题在更大的范围内得到根本性的解决。由于所面对的问题和困难是有共性的，他们的诉求和愿望也是有共性的，因而对改革方向和目标更容易形成一致性的结论。能够想到一起去，这正是改革最需要的。唯有如此，才能找出理性务实的解决方案，避免让改革陷入混乱和停滞。"大众创业、万众创新"开启了一个让创业者释放青春和个性的大时代。在最有激情和冲劲的年龄，遇上这样一个有机会发挥个人价值的大时代，这是幸运的。同样幸运的还有这个国家和民族，这也是一个改变国家未来命运的重大历史机遇。告别保守和被动，成为这个时代与此前截然不同的标志，也是"大众创业、万众创新"带给中国的最大价值和厚礼。只要让创业者身上蕴藏的激情和能量释放出来，中国经济的发展就永远不会缺乏动力。

| 第二章　中国的创业精神 |

中国人从不缺乏创业精神

中国经济发展最重要的潜力之一，就是中国人具有不懈的创业精神。根据西南财大中国家庭金融调查（CHFS）的数据，当代中国并不缺乏创业精神，创业活动算得上非常活跃。从总体上看，中国有14.1%的家庭从事工商业活动，远远高于美国7%左右的比重。如分城乡来看，农村地区从事工商业的家庭比例达到了16.5%，城市地区从事工商业的家庭比例为11.1%。而对从事工商业项目的家庭而言，户均从事的工商业项目个数达到1.15个，其中农村地区为1.18个，城市地区为1.08个。当然，光有创业精神远远不够，赚到钱才可以持久。而CHFS数据显示，中国创业总体盈利情况较好，77.8%的工商业项目能够盈利，仅6.5%的工商业项目亏损。分城乡来看，农村地区有74.9%的工商业项目盈利，8.0%的工商业项目亏损；城市地区的状况更胜一筹，83.1%的工商业项目盈利，仅有3.6%的工商业项目亏损。盈利虽是普遍现象，但地区间差别也是存在的。大城市由于竞争激烈，成本高，盈利状况较差。以户主年龄在45周岁以上的家庭工商业项目为例，在北京、上海、深圳，只有67.5%的家庭盈利，亏损比例达15.8%，而在其他城市或地区，其项目盈利的比例为79.5%，亏损的仅为7.4%。

大学毕业生创业最为活跃。这项调查显示，大学毕业生最具创业精神。对于大学毕业生创业有两种观点：一是认为大学教育使人开阔了眼界，让人更容易接受新鲜事物，这就有助于创业；另一种观点认为，大学毕业生创业机会成本高，大学教育也可能不利于创业。

　　CHFS 的数据支持教育有利于创业的观点。从事工商业家庭的户主平均受教育年限为 9.77 年，比未从事工商业家庭户主平均受教育年限高，后者仅为 8.86 年。CHFS 数据还表明，青年家庭逐渐成为创业的主流。按户主出生年月所处的时间段看，80 后家庭有 16.6% 从事工商业，户均从事的项目数为 1.32 个。相比较而言，户主为 50 后的家庭，仅有 9.6% 从事工商业，户均从事的项目数不到 1.04 个，根据项目成立的时间来看，成立时间在 20 世纪 90 年代的工商业，户主在创业时年龄在 30 岁以下家庭的比例为 32.1%，而成立时间从 2000 年到 2005 年期间的工商业，青年家庭比例上升到 37.4%，到了 2005 年到 2010 年期间，这一比例更高达 40.0%。而青年家庭里，尤其以大学毕业生创业的积极性最高。大学以上受教育程度的青年家庭，有 22.2% 从事工商业，户均从事的项目数达 1.41 个，超出平均水平。大学毕业生创业总体收益状况非常好。创业大学生家庭年均收入高达 46.8 万元，而未创业大学生家庭的年均收入只有 10.2 万元，前者为后者的 4 倍多。当然，高风险与高收益并存。成功者固然收获颇丰，正如数据显示，位于 90% 分位数上的大学毕业生创业者家庭年收入高达 110.6 万元，几乎相当于处于同样分位数上的未创业大学毕业生家庭年收入的 4.5 倍，可经营惨淡者却损失颇重，位于 25% 分位数上的大学毕业生创业者家庭年收入只有 1.8 万元，不到相应未创业者的一半。高风险、高收益与高付出创业者的收益究竟有多少？这无疑是人们对创业状况最为关心的问题。

　　CHFS 数据显示，工商业项目的平均年盈利约为 15 万元，是非农业、非创业家庭年劳动收入的 2 倍多，后者仅为 7.2 万元，农业家庭的年农业性收入更是只有 1.2 万元，不到创业项目的十分之一。分城乡来看，这种现象依旧存在。城市地区创业项目的平均年盈利约为16.9万元，这是非农业非工商业家庭年劳动收入的2.3倍，农业家庭的年农业性收入的15.4倍。农村地区差距则稍小些，创业项目的平均年盈利约为9.4万元，是非农业非工商业家庭年收入的1.4倍，是农业家庭的年农业性收入的7.8倍。与高收益共存的是收入的高风险性；从总体上看，处于盈利水平中位数上的创业项目年平均盈利仅为3.2万元，不到非农业非工商业家庭年劳动性收入的四分之三，处于25%分位数上的创业项目年平均盈利更是只有1.5万元，基本上相当于非农业非工商业家庭年劳动性收入的一半。承担高风险的同时，创业者的工作也非常辛苦。总而言之，创业者的努力程度普遍比受雇于他人的劳动者的努力程度要高。CHFS数据显示，受雇于他人或单位的劳动者每周平均工作时间为5.5天，而创业者每周平均从事创业项目的时间为6.4天。

创业造就了大量的小型企业。雇用人数小于5人的小型工商业是构成中国工商业项目的主体，其在项目总数的比例高达86.8%；雇用人数为5~50人之间的中小企业则占工商业总数的11.4%；而雇用人数在50人以上的大型企业只占工商业项目总数的1.7%。这说明中国的创业特点，创业的企业偏小。

从雇用人数来看，中小企业雇用规模普遍较小，就业仍主要依靠大企业。数量庞大的小型工商业雇用总人数仅占总雇用人数的4.6%，中小企业的雇用总人数也仅占所有工商业项目总雇用人数的20.6%。与此同时，大企业的雇用人数却占到所有工商业项目总雇用人数的74.8%。

此外，在工商业项目总数中比例将近90%的小型工商业总产出不到整个工商业总产出的三分之一，只有26.2%；中小企业的总产出则占整体总产出的44%，对工商业总产出的贡献最大；大企业虽然数量较少，但总产出却达到整体总产出的30%。与西方发达国家相比，中国的创业环境还不容乐观：信贷约束严重，风投资金不足，税收等政策优惠力度不够，等等。任何一个经济体长期高速发展的根本动力，都在于持久大量的创业创新精神。因此政府相关部门应当制定适当而有力的政策来鼓励创业，扶持中小企业，保证中国经济长久持续地发展。

就工商企业而言，创业不仅像华为、中兴那样靠互联网兴起。从创业板块看，很多创业其实是传统企业。许多创业者在传统企业中寻找商机和价值，提升核心价值，并确实领略了其中的优势之道。许多创业者很善于经营，能抓住商机。有一个案例，江西九江有一家做太阳能芯片的公司，太阳能行业当年下半年非常好，当年就有两个亿的利润，上半年等于一块钱投入的股本，到了下半年已经到了 20 元。老板有创业精神，他觉得可做 LED 蓝光，不到半个月就筹到 5 亿元资金。一家快餐企业做了许多年，一些菜（如土豆丝排骨）的味道令食客记忆深刻，这就是找到了标杆，有了故事，商业模式也就形成了。实际上，在这个过程中既要善于创新，也要懂得模仿。

古人的创业情况没有统计记载，但同样也是富于创业精神的，这可以从古籍的记载中间接推知。举一个例子，创业和创新需要想象力，但古代的中国人从来不缺乏想象力，看一下古书就知道。几千年以来，各种记载奇谈趣闻的书并不少。孔子讲儒家文化，可他并没有否定文化的想象力。连《春秋》里也写孔子是麒麟送来的，后来孔子看到一只麒麟被人捉住后死掉了，结果不久之后，孔子也去世了。古代中国人会讲到麒麟儿，就是比较有出息的男孩，孔子是第一代的麒麟儿。古书中谈论怪兽的地方很多，能想象一种怪兽，还把怪兽画出 800 多种形象，可见国人是多么富于想象力，只是有时候表现方式不那么直接而已。西方历史上的故事多是小场面，发生在一个城堡里，顶多发生在一个小公国里。而在中国历史上，怪兽的故事全都是大场景，如《封神榜》《西游记》都是大场景。

中国已经是觉醒的雄狮

拿破仑说过,中国是一头沉睡的狮子,当这头睡狮醒来时,世界都会为之发抖。中国这头狮子已经醒了,但这是一只和平的、可亲的、文明的狮子。的确,长期以来,外国人对于积弱的中国一直是采取俯视的态度。现在狮子睡醒了,经济发展、产业进步,世界为之震撼,开始学着平视中国。无疑,中国的崛起,不仅仅反映在实力上,更重要的是得到了世界的尊重,且还需要沟通和交流。中国的国力在短短三十年间有了质和量的提升,没有人怀疑中国的实力。不过,中国是一头善意的狮子,可以与世界和平共处,从中国不断兴起的创业潮,也能看到这头睡狮已经觉醒。中国人不仅在国内创业,还走出国门创业,也吸引了外国人到中国来创业。

1978年,改革开放释放出了长期以来被压抑和束缚的经济活力,城市街头诞生了理发店、小吃店等个体店,这是中国最早的创业群体。在接下来的时期,乡镇企业兴起,90年代里还兴起了"下海"潮。与改革开放初期的乡镇企业家、20世纪90年代"下海"的公务员不同,今天的创业群体中,大学生日益成为主体。这是因为在经济新常态下的简政放权、为小微企业减税、垄断领域逐步放开等一系列深化改革举措,将进一步为青年创业和创新松绑,激发着新一轮创业潮。

与创业前辈们比起来,当今创业者的创新意识比以前更强,而国内外涌现的成功创业案例,更是激发了他们的创业梦想。楼中平就是这样一个年轻的创业者。27岁下深圳进入商海淘金，1996年发现中国的健康行业大有可为，和朋友一起创立杭州康尔，到2012年在杭州滨江国家级高科技园区成立杭州慈孝堂科技有限公司，用医疗用旋磁的核心技术和保健养生高科技静磁，移植到老百姓日常使用的床垫、按摩椅、按摩腰带等家居用品当中，研发出一系列具有实用意义的新一代健康功能家居产品，2017年的年销售额已超10亿元。楼中平认为，仅仅这个领域，就能产生几百万亿元的市场，目前慈孝堂已经在美国、韩国、新西兰等设有分公司，同时不断加大产品研发投入，发现量子能量结合磁灸技术，可以让产品发挥更大功能。慈孝堂为了让更多的人体验到科技带来的福利，和蚁窝集团合资成立杭州量慈科技，用免费体验的互联网模式，开启新的创业高峰。同时楼中平发动公司员工积极参与到公共慈善事业，和杜易等合伙人发起沙漠变绿洲项目，并帮助宁夏农民解决市场和销路问题，这些是中国当代年轻人追求创业梦的代表。马云的阿里巴巴、马化腾的腾讯等也都是成功创业的案例，成为当今创业者的"标杆"。从长三角到珠三角，从北京到海南，一股青年引领的创业浪潮正席卷全国，且延伸到了国外。

　　早在数年前，"创客"一词首次进入政府工作报告。这不仅体现了创业创新在新常态下中国经济中的地位，也体现了政府的关注，预示着新一轮的创业潮即将到来，就像一只睡醒的狮子。政府简政放权、扶持创业和创新，激发了市场热情；以数字化为核心的第三次产业革命，带来巨大创新机遇；创业与创新日益成为推动经济转型的关键动力。这三重因素的叠加，推动了创业潮的出现。鼓励创业创新是政府的关注重点。李克强总理多次公开谈及创业问题，在所做的政府工作报告里给创业创新者鼓劲：中小微企业大有可为，要扶上马、送一程，使草根创新蔚然成风、遍地开花。政府的支持并非虚言。行政审批事项进一步削减、设立400亿元新兴产业创投引导基金、减税降费支持小微企业发展、公司法修订后"一元公司"成为可能，等等，一系列的利好政策激发了创业与创新的动力。

当然，与三十多年前相比，当前创业既面临有利条件，也面临严峻挑战。这些在发展过程中都不足为奇。随着新技术、大数据的推广，创业空间明显增强，但与物质贫乏时期卖方市场不同，当前创业者面临的市场竞争压力加大，此外，还有产权保护不够完善、融资贵和融资难等一系列问题。创业者越来越多也就意味着失败的数目会越来越大，但是这不能作为不创业的理由，因为现时代更容易产生颠覆性的创新，积少成多就能改变中国。如果一切都一帆风顺，睡狮的觉醒就不足为奇了，这种想法也是不现实的。

中国创业精神正在崛起

过去二十多年，中国的创业文化呈现指数级增长态势，中国的创业精神不断崛起，这一颠覆性变化不仅改变了中国，也越来越多地改变着世界。2000年，国有企业和非国有企业的总收入都约为4万亿元。到2013年，国有企业的总收入增长超过6倍，非国有企业的增长超过了18倍。这段时间利润增长更值得注意：国企利润增长了7倍，私企利润增长了近23倍，这些数据表明创业精神的崛起，也意味着创业的成果。

在二三十年前，尽管有很多人开始经营个体生意，但中国整体私营企业和创业文化还处于初始阶段。当时大多数中国商人都没有公司经营方面的知识和经验，没有可持续发展的基础，他们倾向于投机取巧，希望在经济快速发展带来的机遇中碰运气。但近年来崛起的企业家，尽管来自不同背景、行业、人群，却有个潜在的共同特点：巨大的野心、对未来的乐观主义、永无止境的好奇心。许多人都有专业知识，以此寻求对商业战略和管理更深层次的了解，还进一步拓展国际最佳管理实践方面的知识。在互联网行业快速发展期，许多创业者也看到了商机，将互联网科技融入自己的生意中，但西方主流媒体对中国经济有着不一样的看法。他们认为这是一个由众巨头企业驱动的经济体，有些巨头几乎已形成行业垄断优势，这些行业使大部分非国有企业可望而不可即。实际上，这些西方媒体忽略了中国经济的另一部分，即日益成长的私有经济和逐渐壮大的创业者队伍。

20世纪80年代的开放浪潮刺激了一代先锋企业家，他们几乎都没有接触过现代商业管理，有的都没有接受过高等教育，却成为大胆自主创业的先锋。20世纪90年代初期，一些政府公务员弃政从商，这些更具投机性的举动需要极大勇气。因为放弃人们梦寐以求的稳定工作，在当时看来是愚蠢的。但这些"1992创业者"的创业路大多非常成功，一些人成为行业先锋。互联网创业者在20世纪90年代中后期萌芽，此后，当代行业巨头阿里巴巴、腾讯、百度开始发迹。第一次互联网泡沫破灭使许多互联网公司倒下了，随后成长起来的互联网行业以更快的势头重新出发，创业者队伍在21世纪前10年也发展起来。小米、京东、奇虎、360的管理人就是中国在这个时期崛起的企业家中最好的例子。除了互联网和移动技术领域，许多企业家也在别的行业开拓、创新，如能源动力、医疗保健、金融理财、消费服务、零售代销行业等，随着科技快速发展，各行各业相互交错。

政府不仅注重孵化创业的企业，也孵化了创业的精神。李克强总理提倡"大众创业、万众创新"经济战略，并将"双创"提上国家经济战略主要议程。在一次政府工作报告中，李总理59次提到创新，而"创业"一词出现了22次。其他流行词汇，如"互联网+、共享经济、大数据、物联网"等也多次出现在报告中。

如今的中国，很多80后、90后甚至00后的年轻人，都有创业志向，他们不仅来自北京、深圳、上海等大城市，还来自二线甚至更小的城市。毋庸置疑，他们中的许多人至少在首次创业尝试时难以成功。但对于中国这一人口大国，成功者仍然是一个可观的数字。这些年轻人也不怕失败，他们认为试错是无法避免的。不管结果怎样，都积累了经验，未来也将会有更多机遇，有越来越多的企业家用合法方式发展并获得成功。创业文化迅速蔓延，企业家越来越年轻，速度以指数形式增长。这些新一代企业家和创业家充满生机与活力，具有创造性，在促进中国迈向下一个发展阶段中发挥着至关重要的作用。

中国现在是世界上第二大独角兽公司制造商，最具代表性的独角兽公司有小米、滴滴出行、中国互联网+（美团点评）、深圳市大疆创新科技有限公司等。2015年《麻省理工科技评论》杂志列出了全球50家最智能科技公司，百度、阿里巴巴、腾讯、小米都榜上有名。据中国科学技术部统计，现有115所大学科学园区和超过1600个国家科技企业孵化器，为创业者和企业家提供导师、法律咨询服务、办公空间等。中国这些创新企业多精于商业模式创新，它们通过战略伙伴关系和企业兼并与收购等方式，建造商业生态系统，增长应变能力，相信未来在全球舞台上将会看到更多中国本土的科技创新公司。

而这些颠覆性企业的核心动力，仍是企业家们渴望成功、追求创新及对实现目标孜孜不倦的努力。这些企业家想要努力实现及达成的目标终将改写中国的商业规则，进而影响全世界。现今中国有一个奇特的现象：中国领先的创业公司，尤其是互联网行业中更年轻、更有活力的这一代人，学习的却是硅谷的心态、文化和组织原则，这不同于他们的父辈。实际上，大多数创业公司更像是在硅谷而不是北京。这是一种创业创新的精神。对这些公司来说，中国当代的政经体制与硅谷文化相互影响，擦出新的火花。这种渗透性正以前所未见的方式改变着中国，成就创业创新的精神，并将引领中国走向新纪元。

在创业的过程中要有激情，就像一场奥运会，要点燃激情、传递梦想，实际上梦想、激情和创业一定是联系在一起的。"梦有多大、世界就有多大"，一个想法就能带动内心的力量，然后是更多的学习、成长，将自己的潜力、潜能都调动出来。其结果就是现今创业精神的形成和崛起。

第三章
创业中国,厚积薄发

改革开放：40年探索与成就，意义非凡

改革开放40年以来，中国在各方面都打下了坚实的基础，还使得市场繁荣。这样一个良好的环境，尤其适合人们的创业创新活动，以至于形成创业大潮。还将"双创"活动推向海外，也为外国人到国内创业做好了准备。40年前的十一届三中全会，做出了改革开放的重大决策，确立了以经济建设为中心的基本国策，中国开始了改革开放，开始了中国特色社会主义道路的探索。改革开放经过40年的不断探索和推进，逐渐形成了一条适合中国国情的发展道路，国家经济、军事、政治、科技、教育、文化、体育、社会等多方面从封闭和半封闭走向全面开放的局面，并取得了举世瞩目的成就。具体有以下几方面。

一是经济持续、快速、健康发展。改革开放以来，中国经济增速一直维持在中高速的水平，人民生活水平不断提高，中国GDP的世界排名从1978年的第15位提升到现在的世界第2位。

二是科技、教育快速发展。科教兴国的战略方针为祖国培养了大批科技人才，科研机构面向市场、自我发展的能力越来越强，为经济建设解决了大量关键性技术难题。科技方面取得了一系列重要科研成果，神舟系列飞天、高铁飞驰、墨子传信、天眼探空、超算发威、北斗组网、移动支付、网上购物……中国在越来越多的科技领域走进了世界前列甚至世界第一。

三是国际地位不断提高。快速增长的经济让中国在世界经济中的地位不断提升，国家有了钱就可以增加军费，加快武器研发，从而促进军事实力不断提高。中国经济在40多年来的快速发展中，国际地位也日益提高，在国际事务中发挥着日益重要的作用，成为维护和促进世界和平与发展的重要力量。

四是人民生活水平不断提高。随着改革的红利不断释放出来，村村通、养老制度、医保制度、扶贫制度等大量民生工程不断推进，我们每个中国人都切实感受到了改革开放带来的好处。40多年来，中国人民的生活质量有了质的飞跃，从那个吃了上顿没下顿的年代到了现在电灯、电话、汽车、家电都已进入寻常百姓家，人民生活的追求早已不局限于吃饱穿暖，而是开始追求有品质、有品位的生活，市场也繁荣起来。

40年的发展和探索、成就，使中国现今正处在一个重要阶段。这几十年来，中国从劳动密集型产业向创新型和知识型经济转变，取得了巨大的发展成就。但同时又不可否认，中国现在仍然面临很大的挑战，如内部的发展问题以及与国际不友好势力的对抗，对环境曾经重视不够、贫富差距仍然较大、人均GDP还没达到世界平均水平等。但这些挑战和困难都是可以克服的，中国一定会治理得更好、更强大，从而实现中华民族伟大复兴的中国梦。改革开放为中国的发展灌注了强大生命力，坚持不懈地进行改革开放，不断创新创业，不断为中国的发展继续努力奋斗。

改革开放40年以来，中国对世界经济的影响巨大，已经发展成为世界经济增长的最大引擎。按照世界银行的标准，2010年，中国人均GDP达到4561美元，迈入中高收入国家行列；2016年，人均GDP超过8000美元，明显超过中高收入国家的门槛值，但离高收入国家尚有差距。中国的发展还为世界其他国家发展做出了巨大贡献。自2008年国际金融危机爆发以来，中国成为引领世界经济增长和保持国际经济稳定的一个焦点力量。另外，根据世界银行测算，2013年至2016年，中国对世界经济的贡献率平均为31.6%，超过美国、欧元区和日本贡献率的总和。2016年，中国对世界经济增长的贡献率达到34.7%，拉动世界经济增长0.8个百分点，成为世界经济增长的第一引擎。

虽然没有哪个国家能够机械地复制这些成就，但越来越多的国家却在中国经济模式的影响下，取得了卓有成效的经济成果。尤其是中国采取的具体区域举措，如"一带一路""中国制造2025"倡议等将给世界发展带来积极影响。中国经济实现跨越式发展，为国内外越来越多的人看好，但近来不乏一些西方国家不断唱衰中国经济。对于这些误解的声音，有必要认清产生误解的原因：一种是不了解中国的实际情况，另一种则是别有用心、歪曲事实。要针对不同情况，采取不同措施。有一些西方国家对中国的印象仍停留在过去，对中国抱有负面的想法。这是由于不了解中国实际，没有掌握中国最新发展情况等客观因素造成的，可以逐渐克服。随着人们越发了解真实的中国，他们自然会看到与中国互利合作的重要性。而面对恶意诋毁，中国应做好自己的事情，用实力给予他们有力的回击。

中国市场：能量巨大，未来可期

当然，创业者和企业家可针对高端或低端市场，但中国市场能量巨大，尤其体现在中产阶级的快速增长上。这是各类企业和创业者不可忽略的关键市场因素。从30年前开始，尤其21世纪以来，中国中产阶级的人数规模增长明显。虽占中国总人口比例仍较低，但绝对人数仍然巨大。据保守估计，目前中国中产阶级及其家庭成员的人数超过1亿。有一些学者预计，未来10年中国中产阶级人数占总人口的比例很可能会达到30%～40%，即达到约4亿人。在中国的社会、经济、文化和政治领域，这一庞大、快速成长的群体正在显示出影响力。

在消费领域，中国中产阶级已显示了巨大能量，它是推动中国经济转型（由产品出口导向型转变为内需拉动型）的主要动力之一，也是全球跨国公司重点关注的消费目标群体。中国中产阶级的消费理念和生活方式还有可能影响着中国乃至世界的能源消费结构及其生态环境。一般而言，中产阶级成员是拥有较高文化水平、中等及中等以上收入水平、从事白领职业的人。中国的中产阶级主要集中于城市（特别是大城市）之中。在北京，符合这些条件的人占总人口的15.9%，约占就业人口的30%。在上海，符合相应条件的人占总人口的13.2%，约占就业人口的25%。这就是说，在北京，大约有312万人可算为中产阶级，在上海，大约有304万人可算为中产阶级。在全国城市总人口中，有条件成为中产的比例为9.4%，在城市就业人口中的比例为19%。在全国总人口中，有条件成为中产的相应比例则仅为6.7%，即接近9千万（约8976万）人符合上述3个条件而可能成为中产阶级。在这些人当中，大约3%是私营企业主，31%是党政领导干部、经理人和中高层专业技术人员，19%是工商个体户，47%是普通的白领职员和低层专业技术人员。

在中产与非中产之间还存在着一个相当规模的类中产人群（或称之为半中产阶层），他们未能达到上述3个标准，但符合其中一项或两项条件。比如从事白领职业但收入较低或文化水平较低的人，或者收入较高而且具有高中以上文化水平的技术工人等，他们在总人口中的比例高达23%（大约3亿人）。这些人也具有较大的消费潜力，在未来几年中还将逐步步入中产阶级队伍。

中产阶级是收入增长最稳定的社会群体，可从前些年的一些调查得到证明。中国社科院的"北京中产阶级调查"表明，21世纪以来，中产阶级是收入增长最稳定的社会群体，且其收入增长速度逐年提高。2000—2007年期间，92%的中产阶级的收入有明显增长，其中超过六成的中产阶级的家庭及个人收入增长了1~2倍或更高，仅有8%的中产阶级成员声称收入增长不明显。2008年的金融危机也没能影响中产阶级的收入增长趋势。2010年上海社科院"上海中产阶级调查"数据表明，2007年以来，94%的中产阶级收入有所增长。同时，中产阶级群体的整体收入水平也在逐步提升。2007年北京和上海的中产阶级家庭年收入在10万元以下的占8.9%，10万~20万元占30%，21万~30万元占43.3%，30万元以上占17.8%。而2010年高收入组的比例有明显增加，而低收入组的比例则有所下降。2010年的调查显示，中产阶级家庭年收入在10万元以下的占4.7%，与2007年相比，中产家庭年收入高于30万元的比例则上升了16个百分点。根据中国社科院2008年全国抽样调查数据显示，中产家庭人均年收入为56228元，为半中产家庭人均收入的3.8倍，也是工人家庭人均收入的3.8倍，还是农民家庭人均收入的10.3倍。大城市中产阶级收入远远高于中小城市。2012年3月在亚洲9个城市实施的中产阶级消费方式调查显示，北京中产阶级家庭人均税后年收入约为13.7万元，其中接近80%分布于5万~25万元之间。

中产阶级是理智型的消费群体，不超前消费。中国中产阶级的收入水平提高必然带来消费增长。不过，调查表明：中产阶级家庭只把60%的收入用于消费，另外的40%成为家庭的经济结余。事实上，许多夫妻双方都工作的中产阶级家庭，其中一方的个人收入足以支撑整个家庭的消费支出而且还有富余，其配偶或其他家庭成员的收入都可成为家庭的经济结余。家庭收入与家庭消费支出之比是反映家庭消费状况的一个重要指标。家庭消费支出占家庭收入的比例越小，表明家庭经济状况较为宽裕，并将拥有较多的资金积累可用于储蓄或投资，同时也意味着这类家庭有能力进行昂贵物品的消费（如购房或购车等）或长远计划投资消费（如送子女去国外留学等）。

中产阶级家庭可观的经济结余显示出这个群体具有巨大消费潜力。依据传统习惯，中产阶级处置家庭经济结余的主要方式是储蓄，然而，近年来中国中产阶级的一个变化趋势是投资理财的普遍化。中产阶级的一个突出特征是收入的多元化，工资收入并非是中产阶级的唯一收入来源。2010年上海和北京中产阶级调查显示，工资收入平均只占他们总收入的62.3%，即超过三分之一的收入源于工资以外的收入，其中很大一部分来源于投资理财收入。2007年正值炒股热潮的初期，大约60%的中产阶级家庭没有任何投资理财，他们的收入主要依赖工资收入。而2010年的调查显示，仅有5.8%的中产阶级家庭不进行任何理财投资（包括购买股票、基金、债券或保险等），绝大多数中产阶级（94.2%）不同程度地参与投资理财。另外，房产投资也是许多中国中产阶级家庭的收入来源之一，越来越多的中产阶级家庭投资房产并从中受益。2007年，绝大多数中产阶级家庭（72.3%）没有房产收益，仅有不到三分之一的中产阶级家庭（27.7%）有这方面的收益。而2010年有房产收益的中产阶级家庭比例上升到65.2%，这意味着大约三分之二的中产阶级家庭除自住房屋外，还有房子用于出租或出售而从中获利。

中产阶级消费文化正在形成。20世纪80~90年代中国人的消费重点是三大件家用电器及其他一些耐用品，但21世纪以来新的两大件（住房和汽车）成为中国家庭消费热点，中产阶级成为引领这两大消费品的主要力量，"有房有车"成了中产阶级的身份象征。2017年，我国汽车销量达到2888万辆，同比增长3%，其中乘用车销量为2472万辆，同比增长

14%。我国汽车保有量也节节攀升，截至2016年底，全国汽车保有量为1.94亿辆，同比增长13%，其中私家车保有量达到1.46亿辆，同比增长18%，占全部汽车保有量的75%。虽然目前私家车还不是中产阶级家庭的必备品，但私有房产却是中国中产阶级家庭的必备条件。2007年中产阶级家庭拥有私有住房的比例高达97.3%，其中78.5%拥有1套住房，17.5%拥有2套住房，1.4%拥有3套及以上住房。2007年以来房价高涨，中产阶级家庭中无私有房产的比例有所上升，在上海和北京，一些中青年中产阶级不得不选择租房居住，但他们仍然强烈希望尽早购买私有住房。尽管中国中产阶级家庭基本都有私有住房，但约超过五分之一（21.9%）的中产阶级家庭还在偿还购房贷款，其中17.6%的全年房贷还款数额低于1000元，49%的数额在1000~10000元之间，27.5%的数额在10001~49999元之间，5.9%的数额在50000元及以上。另外，10.9%的中产阶级的房产现金价值在100万元以上，17.7%的在50万~100万元之间，55.4%的在10万~50万元之间，5%的在10万元以下。

研究发现，中国中产阶级展现出与其他阶层不同的消费特征，他们的消费文化正在形成。不过，虽然中产阶级在消费水平和消费行为偏好方面显示出明显特征——追求舒适、享受和有文化层次的生活方式，以及对住房、汽车和其他中高档家庭耐用品强烈的拥有欲望，但注重感观和物质享受的消费偏好并未促使中产阶级走向超前消费和炫耀消费。中国中产阶级家庭的收入与消费支出比例说明大多数中产阶级家庭保持着适度的、可持续的或逐步提升的消费水准。另外，中产阶级家庭数额可观的经济结余表明他们具有极大的、可挖掘的消费潜力。如何激发中产阶级家庭的消费动力，从而拉动内需？急需企业家和创业者关注和考虑。

中国市场的巨大能量，还体现在进口贸易方面的潜力上。有分析指出，中国消费市场的潜力和能量巨大、前景广阔。仅就进口而言，未来五年预计将进口超过10万亿美元的商品和服务。这样的市场需求，可以让全世界的商品都能够更加顺畅地进入国内市场，有利于世界各国的繁荣。实际上，对外开放政策不仅让国内的消费者获益，也提升了国内企业的竞争力，促进了创业创新活动。中国的制造业现在正面临转型升级的压力，引入更强的企业，将使国内的企业和创业者直面竞争。在此过程中，还能尽快提升自身在全球的竞争力，最后受益的是国内广大的消费者。从过去三四十年对改革开放的经验来看，恰好是开放使国内的企业不断成长，而且能够超预期地提升竞争力，从而提高创业的质量。

正是因为中国的市场具有巨大的能量和潜力，一些外国人选择在中国投资创业。而在中国投资创业，需要着眼于市场的长远发展。随着中国经济增速放缓，不少在华投资企业利润都受到影响，如百胜餐饮集团。但中国市场潜力仍然巨大。尤其中国的互联网和无线通信领域拥有巨大机会。这些年来，中国无线通信领域的产业焦点也日渐清晰，高速无线网络的发展吸引了众多商家，产业增长迅速。这就要求外企创业必须做好充分准备，理解中国的商业文化，重视任用本地人才，以及寻找良好的合作伙伴等。找到一个已深入中国市场的合作伙伴，就等于了解了中国市场。eBay在中国的失利就是个反面的例子。尽管中国经济增长率已经降至7%，但随着生活水平的提升，中国人的消费能力还在不断增强。此外，还有一些领域或许也是相当有前景的，比如低成本医疗服务，目前中国政府已经开始采取措施，如建立卫生所，为中低收入人群提供医疗服务。如果仔细地对中国市场进行细分，还是能发现其有很多领域仍前景广阔。通常，投资要讲求时机。因此，短期来看，中国的投资前景或许不甚乐观，但从长期角度看，随着中国人均收入水平的提升，中国市场所蕴含的商机无可限量。

创业中国

基建成就：中国创造的N个第一

改革开放40年来，中国的经济实力、科技水平不断提升，已经在多个重要领域的基础建设上取得了令人瞩目的成就，建造了许多世界第一。这又为进一步的发展打下了坚实的基础，并为当今创业创新潮准备了有利的环境。尤其是十八大以来，在改革创新精神的驱动下，科技硕果累累，屡创世界之最，"世界首条""世界首次""世界第一"等词句不断见诸报端，令人惊叹，促人奋进。稍一列举，就有如下世界级的醒目成就。

中国高铁运营里程高居世界第一。中国是世界上唯一高铁成网运行的国家，中国的高铁工程也是世界穿越戈壁区最远、防风工程最大、贯穿隧道最长的高原冻土工程。从2008年8月1日，我国开通第一条京津城际高速铁路开始，到2015年12月30日，全球第一条热带地区环岛高铁——海南环岛高铁全线贯通，中国投入运营的高速铁路达1.9万公里，占世界总营运里程的六成。如今，中国已成为世界上高速铁路运营里程最长、在建规模最大的国家。

贵州省北盘江大桥最高落差565米，是世界第一高桥。港珠澳大桥是世界最长、施工难度最大，首创桥、岛、隧集群方案和最长沉管海底隧道的跨海大桥。被誉为当代世界"七大奇迹之一"。目前世界建成跨度1000米以上的悬索桥28座，中国占11座，在建主跨1000米以上悬索桥有13座，中国占9座。从量上看，中国大型桥梁建设已占世界的一半以上。从质量上看，继苏通大桥于2013年被评为"菲迪克百年工程项目杰出奖"后，杭州湾跨海大桥、泰州长江公路大桥、舟山大陆连岛工程西堠门大桥也先后于2014年、2015年获"菲迪克"年度奖项。

经过30年发展，中国核电发展取得较大成绩，运行规模不断扩大。截至2016年年底，有35台运行核电机组，装机容量达3328万千瓦，位居全球第4位。截至2017年3月，中国现有36台运行核电机组，20台在建核电机组，在建核电机组数量世界第一。《BP世界能源展望（2017年版）》预计世界核电和水力发电量将稳步增长，中国快速核电扩张计划（年均11%，1100太瓦时）占全球新增核电发电量的近四分之三。可再生能源继续增长，增长中心转向亚洲。中国是未来20年可再生能源最大的增长来源，其增长量超过欧盟与美国之和。

中国"神威·太湖之光"超级计算机是全球运算最快的计算机，实现了所有核心部件国产化。在发展迅猛、竞争激烈的世界超算领域，中国超算向世界表明了自主创新与发展的信心与潜力。在2016年6月20日德国法兰克福国际超算大会上，公布了由中国国家并行计算机工程技术研究中心研制的"神威·太湖之光"夺得了全球超级计算机第一的称号。"神威·太湖之光"运算速度超第二名近三倍。更令人振奋的是，该套系统实现了包括处理器在内的所有核心部件全国产化。

中国500米口径球面射电望远镜是世界口径最大、最具威力的单天线射电望远镜。建在贵州的世界最大射电望远镜FAST，利用贵州喀斯特地貌的洼坑作为望远镜台址，建造了世界第一大单口径射电望远镜。值得一提的是，中国的FAST与号称"地面上最大的机器"德国波恩100米望远镜相比，灵敏度提高了约10倍。中国科学院国家天文台副台长郑晓年表示，FAST将在未来20~30年内保持世界一流设备的地位。

中国成功发射世界首颗量子科学实验卫星，首次实现卫星和地面之间的量子通信，实现国家信息安全和信息技术水平跨越式提升。

在民用无人机领域，"中国制造"正在成为闪亮的新名片。《北京日报》在2016年曾经报道，目前国内共有约400家无人机制造商，占据了全球70%的民用无人机市场。这就是说，全球每卖出10架民用无人机，就有7架来自中国。中国的民用无人机，尤其消费级无人机已走在世界前列。深圳大疆创新科技有限公司，更是被《华尔街日报》称为"首个在全球主要的消费产品领域成为先锋者的中国企业"。

中国实现了世界首次哺乳动物胚胎在太空发育成功。建成世界最大的基因库，综合能力居世界第一。

2015年，中国电子商务交易额达到21万亿元，居全球第一。一年一度的柏林国际消费电子展（IFA）素有世界消费电子发展风向标之称。2015年9月，中国企业以占比超过30%的阵容和大量创新产品强势出击，让不少国际同行刮目相看。

2015年中国提交专利申请100多万件，是首个年度专利申请量超百万件的国家，第五年蝉联全球专利申请量之首。

京新高速公路是世界上穿越沙漠最长的高速公路。长江三峡升船机是目前世界上规模最大、技术难度最高的升船机。中国研发的"海翼"号水下滑翔机下潜6329米，刷新了水下滑翔机下潜深度的世界纪录。中国可燃冰在南海试采成功，成为全球首个实现试开采中获得连续稳定产气的国家。中国承建的世界首座、规模最大深海半潜式智能养殖场已正式交付挪威。

经济转型：实现快速平稳发展

中国的经济转型是一个奇迹，不仅在世界瞩目的经济成就中得到了越来越多的认可和称赞，走出了一条独具特色的改革道路，形成经济转型的中国模式，而且在转型过程中还实现了快速、平稳的发展。

中国经济转型过程最为典型的特征就是改革阶段的转换。这既是中国经济改革实践的现实描述，也是中国经济转型内在实质和逻辑的体现。中国经济的转型在理论和实践方面，都呈现出阶段性发展的特点。每一个阶段都是一次经济升级，都意味着快速的发展。而制度刚性在稳定改革方面起了关键性的作用。全面改革和局部改革并不是刻意采取的转型战略。全面改革和局部改革都取决于国民经济的改革需要和对市场经济的层次性认识，尤其是取决于改革的次序性推进。中国经济转型价格先行的战略，实践证明是科学的转型战略，抓住了市场运行机制的核心，又不触动社会宏观层次的制度安排。经济转型的经验表明，理论的主导性和实践的能动性结合，就能创造性地实现制度安排的调整、创新。这就必须破除一切的理论教条，完全从经济转型的实践出发，采取一切可能和多样化的改革开放手段和措施，进行大胆的试验和积极的创新。中国经济转型通过阶段性转换的转型方式，较好地解决了市场经济体制的层次性安排和改革的次序性要求在改革速度、局部改革和全面改革上的转型难题，实现了最佳的改革组合。

这种经济转型模式，有力地支撑了经济的快速平稳发展。近年来，在世界经济不断调整的情况下，中国经济虽从以往的两位数增长成为中高速增长，但年均 7.1% 的增速也仍属于高增长。据报道，2012 年中国经济总量为 54 万亿元，2016 年提升到 74.7 万亿元，2017 年超过 82 万亿元。这就表明，随着经济持续增长，特别是经济运行质量不断提升，越来越多的人加入中等收入群体行列。经济总量快速扩张，带动居民收入较快增长。数据显示，随着中国经济增长的质量不断提高，居民收入增速超过了 GDP 的增速。2012 年到 2016 年的五年间，全国人均可支配收入年均增长 7.4%，快于 GDP 年均增速 0.3 个百分点。

以 2017 年中国消费市场为例，可以反映出经济的快速平稳发展。2017 年消费市场保持了平稳较快的发展态势，发挥着对经济增长的基础性作用，消费者个性化、多样化、不断升级的新需求也得到更好的满足。根据国家统计局数据显示，2017 年全年社会消费品零售总额达到 36.6 万亿元，比 2016 年净增 3.4 万亿元，同比增长 10.2%，连续第 14 年实现两位数增长。最终消费对经济增长贡献率为 58.8%，连续第四年成为拉动经济增长的第一驱动力。2017 年消费市场较快的平稳发展，主要表现出以下特点：一是零售业创新转型成效明显，线上线下融合发展。二是农村和中西部地区发展加快，消费市场不平衡状况不断改善。三是消费结构加快升级，高品质商品和服务需求旺盛。四是消费价格温和上涨。

第四章
中国创业新引擎

中国制造2025：与世界接轨

中国制造2025将开启和带动新一轮创业潮，为创业者提供一个大好舞台。中国制造2025堪称为中国创业的一个新引擎，势必带动高科技主导的创业大潮。

中国制造2025是中国政府实施制造强国战略的第一个十年行动纲领。纲领提出"创新驱动、质量为先、绿色发展，结构优化、人才为本"的基本方针，坚持"市场主导、政府引导，立足当前、着眼长远，整体推进、重点突破，自主发展、开放合作"的基本原则。经"三步走"实现制造强国的战略目标：第一步，到2025年迈入制造强国行列；第二步，到2035年中国制造业整体达到世界制造强国阵营中等水平；第三步，到新中国成立100年时，综合实力进入世界制造强国前列。中国制造2025是在新国际国内环境下，立足于国际产业变革大势，做出的全面提升中国制造业发展质量和水平的重大战略部署。其根本目标在于改变中国制造业"大而不强"的局面，通过10年的努力，使中国迈入制造强国行列，为到2045年将中国建成具有全球引领和影响力的制造强国奠定坚实基础。

这一纲领呈现"一二三四五五十"的总体结构。"一"是从制造业大国向制造业强国转变，最终实现制造业强国的一个目标。"二"是通过两化融合发展来实现这一目标。十八大提出了用信息化和工业化两化深度融合来引领和带动整个制造业的发展，这也是制造业所要占据的制高点。"三"是通过"三步走"的一个战略，大体上每一步用10年左右时间实现从制造业大国向制造业强国转变的目标。"四"是确定四项原则：第一项原则是市场主导、政府引导；第二项原则是既立足当前，又着眼长远；第三项原则是全面推进、重点突破；第四项原则是自主发展和合作共赢。"五五"是两个"五"。第一个"五"是五条方针，即创新驱动、质量为先、绿色发展、结构优化和人才为本。第二个"五"是实行五大工程。"十"是10个重点领域。中国制造2025的示范城市包括广州、宁波、苏南城市群、武汉、珠江西岸城市群、成都、长株潭衡城市群、泉州、长春、青岛、吴忠、湖州、郑洛新、合肥、赣州。中国制造2025还将与德国工业4.0全面对接。

中国制造2025提出的五大工程包括：

（1）制造业创新中心（工业技术研究基地）建设工程。围绕重点行业转型升级和新一代信息技术、智能制造、增材制造、新材料、生物医药等领域创新发展的重大共性需求，形成一批制造业创新中心，重点开展行业基础和共性关键技术研发、成果产业化、人才培训等工作。制定完善制造业创新中心遴选、考核、管理的标准和程序。到2020年，重点形成15家左右制造业创新中心，力争到2025年形成40家左右制造业创新中心。

（2）智能制造工程。紧密围绕重点制造领域关键环节，开展新一代信息技术与制造装备融合的集成创新和工程应用。支持政、产、学、研、用联合攻关，开发智能产品和自主可控装置并实现产业化。依托优势企业，紧扣关键工序智能化、关键岗位机器人替代、生产过程智能优化控制、供应链优化，建设重点领域智能工厂或数字化车间。在基础条件好、需求迫切的重点地区、行业和企业，分类实施流程制造、离散制造、智能装备和产品、新业态新模式、智能化管理、智能化服务等试点示范及应用推广。建立智能制造标准体系和信息安全保障系统，搭建智能制造网络系统平台。到2020年，制造业重点领域智能化水平显著提升，试点示范项目运营成本降低30%，产品生产周期缩短30%，不良品率降低30%。2025年制造业重点领域全面智能化，试点示范项目运营成本降低50%，生产周期缩短50%，不良品率降低50%。

（3）工业强基工程。开展示范应用，建立奖励和风险补偿机制，支持核心基础零部件或元器件、先进基础工艺、关键基础材料的首批次或跨领域应用。组织重点突破，针对重大工程和重点装备的关键技术和产品急需，支持优势企业开展政、产、学、研、用联合攻关，突破关键基础材料、核心基础零部件的工程化、产业化瓶颈。强化平台支撑，布局和组建一批四基研究中心，完善重点产业技术基础体系。到2020年，40%的核心基础零部件、关键基础材料实现自主保障，受制于人的局面逐步缓解，航天装备、通信装备、发电与输变电设备、工程机械、轨道交通装备、家用电器等产业急需的核心基础零部件、元器件和关键基础材料的先进制造工艺得到推广应用。2025年70%的核心基础零部件、关键基础材料实现自主保障，80种标志性先进工艺得到推广应用，部分达到国际领先水平，建成较为完善的产业技术基础服务体系，逐步形成整机牵引和基础支撑协调互动的产业创新发展格局。

（4）绿色制造工程。组织实施传统制造业能效提升、清洁生产、节水治污、循环利用等专项技术改造。开展重大节能环保、资源综合利用、再制造、低碳技术产业化示范。实施重点区域、流域、行业清洁生产水平提升计划，扎实推进大气、水、土壤污染源头防治专项。制定绿色产品、绿色工厂、绿色园区、绿色企业标准体系，开展绿色评价。到2020年，建成千家绿色示范工厂和百家绿色示范园区，部分重化工行业能源资源消耗出现拐点，重点行业主要污染物排放强度下降20%。2025年制造业绿色发展和主要产品单耗达到世界先进水平，绿色制造体系基本建立。

（5）高端装备创新工程。组织实施大型飞机、航空发动机及燃气轮机、民用航天、智能绿色列车、节能与新能源汽车、海洋工程装备及高技术船舶、智能电网成套装备、核电装备、高档数控机床、高端诊疗设备等一批创新和产业化专项、重大工程。开发标志性、带动性强的重点产品和重大装备，提升自主设计水平和系统集成能力，突破共性关键技术与工程化、产业化瓶颈，组织应用试点和示范，提高创新发展能力和国际竞争力，抢占竞争制高点。2020年上述领域实现自主研制及应用。2025年自主知识产权高端装备市场占有率大幅提升，核心技术对外依存度明显下降，基础配套能力显著增强，重要领域装备达到国际领先水平。

中国制造2025强调的十大重点领域包括：

（1）新一代信息技术产业。一是集成电路及专用装备。着力提升集成电路设计水平，不断丰富知识产权（IP）和设计工具，突破关系国家信息网络安全及电子整机产业发展的核心通用芯片，提升国产芯片的应用适配能力。掌握高密度封装及三维（3D）微组装技术，提升封装产业和测试自主发展能力，形成关键制造装备供货能力。二是信息通信设备。掌握新型计算、高速互联、先进存储、体系化安全保障等核心技术，全面突破第五代移动通信（5G）技术、核心路由交换技术、超高速大容量智能光传输技术、未来网络核心技术和体系架构，积极推动量子计算、神经网络等发展。研发高端服务器、大容量存储、新型路由交换、新型智能终端、新一代基站、网络安全设备，推动核心信息通信设备体系化发展与规模化应用。三是操作系统及工业软件。开发安全领域操作系统等工业基础软件。突破智能设计与仿真及其工具、制造物联与服务、工业大数据处理等高端工业软件核心技术，开发自主可控的高端工业平台软件和重点领域应用软件，建立完善工业软件集成标准与安全测评体系。推进自主工业软件体系化发展和产业化应用。

（2）高档数控机床和机器人。一是高档数控机床。开发一批精密、高速、高效、柔性数控机床与基础制造装备及集成制造系统，加快高档数控机床、增材制造等前沿技术装备研发。以提升可靠性、精度保持性为重点，开发高档数控系统、伺服电机、轴承、光栅等主要功能部件及关键应用软件，加快实现产业化。加强用户工艺验证能力建设。二是机器人。针对国防军工、汽车、机械、电子、危险品制造、化工、轻工等工业机器人、特种机器人，以及医疗健康、家庭服务、教育娱乐等服务机器人应用需求，积极研发新产品，促进机器人标准化、模块化发展，扩大市场应用。突破机器人本体、减速器、伺服电机、控制器、传感器与驱动器等关键零部件及系统集成设计制造等技术瓶颈。

（3）航空航天装备。一是航空装备。加快大型飞机研制，启动宽体客机研制，鼓励国际合作研制重型直升机，推进干支线飞机、直升机、无人机和通用飞机产业化。突破高推重比、先进涡桨（轴）发动机及大涵道比涡扇发动机技术，建立发动机自主发展工业体系。开发先进机载设备及系统，形成自主完整的航空产业链。二是航天装备。发展新一代运载火箭、重型运载器，提升进入空间能力。加快推进国家民用空间基础设施建设，发展新型卫星等空间平台与有效载荷、天地宽带互联网系统，形成长期持续稳定的卫星遥感、通信、导航等空间信息服务能力。推动载人航天、月球探测工程，适度发展深空探测。推进航天技术转化与空间技术应用。

（4）海洋工程装备及高技术船舶。大力发展深海探测、资源开发利用、海上作业保障装备及其关键系统和专用设备。推动深海空间站、大型浮式结构物的开发和工程化。形成海洋工程装备综合试验、检测与鉴定能力，提高海洋开发利用水平。突破豪华邮轮设计建造技术，全面提升液化天然气船等高技术船舶国际竞争力，掌握重点配套设备集成化、智能化、模块化设计制造核心技术。

（5）先进轨道交通装备。加快新材料、新技术和新工艺应用，重点突破体系化安全保障、节能环保、数字化智能化网络化技术，研制先进可靠适用的产品和轻量化、模块化、谱系化产品。研发新一代绿色智能、高速重载轨道交通装备系统，围绕系统全寿命周期，向用户提供整体解决方案，建立世界领先的现代轨道交通产业体系。

（6）节能与新能源汽车。支持电动汽车、燃料电池汽车发展，掌握汽车低碳化、信息化、智能化核心技术，提升动力电池、驱动电机、高效内燃机、先进变速器、轻量化材料、智能控制等核心技术的工程化和产业化能力，形成从关键零部件到整车的完整工业体系和创新体系，推动自主品牌节能与新能源汽车同国际先进水平接轨。

（7）电力装备。推动大型高效超净排放煤电机组产业化和示范应用，继续提高超大容量水电机组、核电机组、重型燃气轮机制造水平。推进新能源和再生能源装备、先进储能装置、智能电网用输变电及用户端设备发展。突破大功率电力电子器件、高温超导材料等关键元器件和材料的制造及应用技术，形成产业化能力。

（8）农机装备。重点发展粮、棉、油、糖等粮食和战略性作物育、耕、种、管、收、运、储等主要生产过程使用的先进农机装备，加快发展大型拖拉机及其复式作业机具、大型高效联合收割机等高端农业装备及关键核心零部件。提高农机装备信息收集、智能决策和精准作业能力，推进形成面向农业生产的信息化整体解决方案。

（9）新材料。以特种金属功能材料、高性能结构材料、功能性高分子材料、特种无机非金属材料和先进复合材料为发展重点，加快研发先进熔炼、凝固成型、气相沉积、型材加工、高效合成等新材料制备关键技术和装备，加强基础研究和体系建设，突破产业化制备瓶颈。积极发展军民共用特种新材料，加快技术双向转移转化，促进新材料产业军民融合发展。

高度关注颠覆性新材料对传统材料的影响，做好超导材料、纳米材料、石墨烯、生物基材料等战略前沿材料提前布局和研制工作。加快基础材料的升级换代。

（10）生物医药及高性能医疗器械。发展针对重大疾病的中药、化学及生物技术药物新品，重点包括新机制和新靶点化学药、抗体及抗体偶联药物、全新结构蛋白及多肽药物、临床优势突出的创新中药及个性化治疗药物、新型疫苗。提高医疗器械的创新力和产业化水平，重点发展影像设备、医用机器人等高性能诊疗设备，以及全降解血管支架等高值医用耗材，可穿戴和远程诊疗等移动医疗产品。实现生物3D打印、诱导多能干细胞等新技术的突破和应用。

中国制造2025被誉为中国版工业4.0规划。这使得工业4.0的概念就像以前互联网+一样，迅速地在产业界蔓延。众多公司宣称要加快工业4.0的转型，或研发工业4.0相关产品占领市场，一些围绕工业4.0概念的创业企业也应运而生。相比互联网+，它让工业4.0的含义更加丰富。企业做互联网+，最简单粗暴的方式可以直接在原来的业务基础上+互联网，虽然可能没有效果，但至少是依葫芦画瓢，从形式上看还是有模有样的。然而工业4.0却大有不同，远比互联网+难得多，需要有强大的制造工业水平和发达的互联网技术。就中国的现实情况而言，虽有少数行业或企业达到较高的水平，但整体仍处于第二次工业革命的阶段。但这一差距也提示了广阔的创业创新前景。

一带一路：开启多元"朋友圈"

"一带一路"（The Belt and Road，缩写B&R）是丝绸之路经济带和21世纪海上丝绸之路的简称。"一带一路"旨在借用古代丝绸之路的历史称号，高举和平发展的旗帜，积极发展与沿线国家的经济合作伙伴关系，共同打造政治互信、经济融合、文化包容的利益共同体、命运共同体和责任共同体。这一合作将充分依靠中国与有关国家既有的双多边机制，借助既有的、行之有效的区域合作平台。很有幸2018年我通过慈善总会赞助了"一带一路七国少年"的中国行，也见证了周边的发展中国家正在向中国的新生代学习。

"一带一路"贯穿亚欧非大陆，一头是活跃的东亚经济圈，一头是发达的欧洲经济圈，中间广大腹地国家经济发展潜力巨大。丝绸之路经济带重点走向包括：经由中亚、俄罗斯至欧洲（波罗的海）、中国经中亚、西亚至波斯湾、地中海、中国至东南亚、南亚、印度洋。21世纪海上丝绸之路重点方向包括：从沿海港口过南海到印度洋，延伸至欧洲、从中国沿海港口过南海到南太平洋。根据"一带一路"走向，陆上依托国际大通道，以沿线中心城市为支撑，以重点经贸产业园区为合作平台，共同打造新亚欧大陆桥、中蒙俄、中国—中亚—西亚、中国—中南半岛等国际经济合作走廊，建设运输通道。海上以重点港口为节点，共同建设通畅安全高效的运输大通道。中巴、孟中印缅两个经济走廊与推进"一带一路"建设的关联紧密，将会进一步推动合作，取得更大进展。资金融通是"一带一路"建设的重要支撑。深化金融合作，推进亚洲货币稳定体系、投融资体系和信用体系建设。现在中国推出自由贸易区战略，这将进一步推动"一带一路"的发展，增加创业和合作机会。

"一带一路"在国内涵盖范围包括两个方向。丝绸之路经济带圈定新疆、重庆、陕西、甘肃、宁夏、内蒙古、青海、黑龙江、吉林、辽宁、广西、云南、西藏13省（自治区、直辖市）。21世纪海上丝绸之路圈定上海、福建、广东、浙江、海南5省（直辖市）。共计18个省、自治区和直辖市，各地都有明确的优势定位和国际辐射区。迄今为止，"一带一路"取得了许多项目成果，例如：亚吉铁路、蒙内铁路、中匈协议、亚洲基础设施投资银行、卡拉奇—拉合尔高速公路、巴基斯坦卡洛特水电站、中巴经济走廊、中亚天然气管线项目、印尼雅万高铁、德黑兰至马什哈德高铁、老挝铁路、孟加拉希拉甘杰电站二期、乌克兰"一带一路"贸易投资促进中心等。2016年10月开通的非洲第一条电气化的亚吉铁路（亚的斯亚贝巴至吉布提）和2017年5月开通的蒙内铁路（蒙巴萨至内罗毕），成为中国在非洲大陆承建的两大极具影响力的世纪工程，受到许多国家的好评。

自从"一带一路"经济区开放后，承包工程项目突破3000个。2015年，中国企业共对"一带一路"相关的49个国家进行了直接投资，投资额同比增长18.2%。2015年，承接的"一带一路"相关国家服务外包合同金额178.3亿美元，执行金额121.5亿美元，同比分别增长42.6%和23.45%。2016年6月底，中欧班列累计开行1881列，其中回程502列，实现进出口贸易总额170亿美元。2016年6月起，中欧班列穿上了统一"制服"，深蓝色的集装箱格外醒目，品牌标志以红、黑为主色调，以奔驰的列车和飘扬的丝绸为造型，成为丝绸之路经济带蓬勃发展的最好代言与象征。当前，中国经济和世界经济高度关联，"一带一路"有助于中国一以贯之地坚持对外开放的基本国策，构建全方位开放新格局，深度融入世界经济体系。推进"一带一路"建设既是中国扩大和深化对外开放的需要，也是加强和亚欧非及世界各国互利合作的需要，中国也在力所能及的范围内承担更多责任和义务，为人类和平发展做出更大贡献。

"一带一路"将带来大规模跨国创业潮，同样也是中国创业的巨大引擎之一。这一次，中国将引发和带动国际创业潮，既带动中国的创业者在国内和海外创业，也带动国外创业者在当地和中国创业。

中国梦：实现民族复兴最伟大的梦想

实现中华民族伟大复兴是近代以来中华民族的最伟大梦想，是激励中华儿女团结奋进、开辟未来的精神旗帜。当前，中国比历史上任何时期都更接近中华民族伟大复兴的目标，比历史上任何时期都更有信心、更有能力实现这一目标。国家的追求、民族的向往、人民的期盼在中国梦中融为一体，体现了中华民族和中国人民的整体利益，表达了每一个中华儿女的共同愿景。中国梦是国家、民族、人民的情怀相统一的梦。家是最小国，国是千万家。只有国家富强、民族振兴，人民才能幸福。中国梦是国家的梦、民族的梦，归根结底是人民的梦。中国梦的深厚源泉在于人民，根本归宿在于人民，只有同中国人民对美好生活的向往结合起来才能成功。中国梦意味着经济成长、市场繁荣、创业和创新的期望。

实现中国梦的总体布局是经济、政治、文化、社会、生态文明建设

"五位一体"。而为完成这五个方面的宏伟任务，中央提出了"四个全面"战略布局，即全面建成小康社会、全面深化改革、全面依法治国、全面从严治党，从而为中国梦的实现提供了根本保障。中国梦是和平发展、合作共赢的梦，与世界各国人民的美好梦想息息相通。中国梦是追求和平的梦，既努力争取和平的国际环境发展自己，又以自身的发展促进世界和平；中国梦是奉献世界的梦，不仅造福中国人民，而且造福世界人民，是中国人民和世界各国人民共同的福祉。实现中国梦给世界带来的是机遇不是威胁，是进步不是倒退，是合作共赢不是零和博弈。实现伟大梦想必须进行伟大的奋斗，建设伟大工程。实现伟大梦想还必须推进伟大事业，更加自觉地增强道路自信、理论自信、制度自信、文化自信，实现经济更大的复兴和增长，建立扎实的产业、技术基础。中国梦也就是发展梦、产业梦、创业梦。

对于个人，中国梦可能就是创业梦。梦想是个名词，但也可能是动词。有了梦想就要行动，使梦想成为一个响亮的动词。其实，人人心中都曾有一个创业梦。你现在或许是一家外企白领，或许是一家国企的文员，又或者是一个打工者，但在心中肯定都曾藏着一颗创业的种子。但是，很多人的创业梦虽有创业激情，却又因怕失败而等待着。一月又一月，一年又一年，岁月流逝，创业梦渐渐要成为"白日梦"。确实，创业并不容易。大多数创业者在创业路上不是跑着，也不是走着，他们是在爬着、滚着，一步步跋涉着前进，甚至是一个跟头接一个跟头地摔着前行。成功的创业者总是在缩短与目标的距离，并从每次失败中获得人生最宝贵的财富，他们带来经济的增长和复兴。这样看来，创业之路不只是个人的自强之路，更是民族的自强之路。创业梦不仅是为实现个人的富裕梦，更是为了实现中国的富强梦。从另一个角度看，创业又是中国梦的最大通道。

互联网：中国经济发展的新动能

近年来互联网的飞速发展超出了想象。一个买卖集市加上互联网就可以变成淘宝，一个商场加上互联网就变成了京东商城，一个手机企业加上了互联网就成为小米，一个出租车服务公司加上互联网就成为滴滴打车。这些情况下的互联网应该称为互联网＋，能推动行业高速发展，成为名副其实的经济发展的新动能，反映了虚拟网络和现实生活的碰撞、融合。这也使与互联网＋相关的创业领域保持了高热度的创业关注点。

政府的规划是发展壮大新动能，做大做强新兴产业集群，实施大数据发展行动，加强新一代人工智能研发应用，在医疗、养老、文化、教育、体育等领域推进互联网＋。这也促使互联网＋渗透到各行各业，从生产领域到公共服务领域，又到民生领域。借助互联网新技术、新成果对传统产业的改造升级，中国经济正在孕育和获得新动能。目前，互联网已广泛融入各行各业。在可预见的未来，互联网还将继续深度融入各个产业，赋予这些产业新的动能，并将显著提高公共服务的效率。此外，互联网也将进一步由消费领域向生产领域拓展，提升各个产业发展水平，增强各个行业创新能力，为中国经济增长提供新的内生性动力。2016年中国数字经济规模达到22.6万亿元，同比增长达18.9%，占GDP比重达30.3%，对GDP的贡献已达到69.9%。数据显示，过去五年，新兴消费快速兴起，网上零售额年均增长30%以上，社会消费品零售总额年均增长11.3%。

互联网＋的崛起，正在改变中国。互联网、大数据、人工智能的发展为每个行业带来翻天覆地的变化，一些行业经过互联网＋改造重获新生。互联网＋的发展，将鼓励创新创业，特别是推动大数据、云计算、物联网、人工智能等前沿技术创新创业，使"双创"迈上新台阶。借着互联网的新动能，将大力改造提升传统产业，促使新技术与传统产业广泛结合，创造性地推出新业态、新模式，形成多个创业和经济发展的热点：

在农业领域，通过农业物联网技术的大规模应用，可实现农村经济的标准化、产业化发展，从而大幅扭转传统农业，转变农业的发展劣势，提高农村经济发展效率。信息技术、移动互联网、大数据、物联网等与果蔬采摘后产地加工及冷链物流产业紧密结合，将突破产地商品化加工及冷链物流过程中微环境与品质信息的实时监测、预测预警及产品溯源技术，构建"扁平化"信息交互共享综合云服务平台。

在医疗领域，互联网＋目前只迈出了第一步。下一步应构建新型医联体，通过数字技术将优质资源广泛贯通至患者末端，打通医疗惠民"最后一公里"，提供"核心医院＋基层卫生服务机构＋数字家庭医生"三级供给模式。此外，还应将智慧健康信息技术作为驱动医疗卫生产业能力升级和转型的重要着眼点，利用移动互联、物联网、智能医疗、远程医疗、数字化检测检查装备、健康扶贫动态系统等先进技术，提高健康服务可及性，提高工作效率，促进健康信息共享和各级医疗卫生机构协同服务。

在养老领域，可以建设养老服务信息管理系统（或互联网＋养老服务云平台），向下（区县、街道）收集信息，向上（省级、中央政府）则按标准汇总传送数据，并与本级信息化主管部门建立实时数据对接。在政府APP、支付宝或微信等平台上开通养老服务手机查询功能，实现网上办理养老服务。

在工业领域，发展工业互联网平台，创建中国制造2025示范区。互联网＋是推动中国制造强国建设的关键。作为融合的产物和载体，工业互联网为实体经济转型升级、高质量发展提供了历史机遇和技术条件，将对实体经济产生全方位、深层次、革命性影响。加快发展工业互联网，促进实体经济转型升级，是推进制造强国和网络强国的战略举措，也是发展数字经济、建设数字中国的有力支撑。对全面提高供给体系质量、增强实体经济的创新力和竞争力、实现高质发展、建设现代化经济体系具有重要意义。在互联网＋的经济模式下，进一步鼓励和支持传统行业、互联网企业和信息技术服务企业发挥各自优势，开展跨界合作，增强数字化制造资源的在线汇聚和模块化制造能力的按需配置能力，打造具有国际水准的工业互联网平台，促进实体经济云化升级，掌握未来发展的主动权。同时进一步加快推动互联网和实体经济的深度融合，建立完善平台、合作企业、开发者、用户之间相互依存、开放合作的价值分享机制，构建覆盖全产业链、全价值网络的新型制造业创新体系，加快中国制造向中国创造转变，促进经济发展质量变革、效率变革和动力变革。统筹发展工业互联网运营商，推动其产业发展，构建企业大脑，为实体经济插上云计算、大数据、人工智能的翅膀，助推制造业转型升级和数字经济发展。支持发展工业互联网运营商，担负国家重点布局的工业互联网平台建设任务。同时，利用云计算、大数据、人工智能等关键技术，促进行业数据汇聚共享和挖掘分析，逐步形成产业链上下游融通发展的跨行业、跨领域的工业互联网平台。

结合互联网＋的发展，市场上出现了一些需求很大的互联网创业热点。

（1）小程序。小程序自2017年1月9日上线后，2018年呈现出井喷式发展态势。小程序刚开发出来的时候，就有不少互联网公司和商家跃跃欲试，也让不少创业者瞄准了这个方向。随着越来越多的人加入小程序,导致小程序的周边产业也火了起来,于是互联网上出现了不少小程序开发、一键生成平台等相关小程序操作业务,现小程序已经成为热门创业项目。

（2）小游戏。这是小程序里的小游戏,2017年年末的"跳一跳"带火了整个互联网行业,一天500万元的广告费植入令人咋舌,微信的商业化之路由此开启。微信用户有10亿,若做出一个火爆的小游戏,广告植入获得的收益可想而知,这无疑让更多小游戏开发商看到了赚钱的机会。

（3）知识付费。互联网上流行这么一句话:"2018年是知识付费爆发的一年。"所谓知识付费就是把知识变成产品或服务,以实现商业价值。知识付费有利于人们高效筛选信息,付费的同时也激励优质内容的产生。2017年12月,咪蒙的"咪蒙教你月薪5万"音频课程30分钟卖出1万份,也算是开启了2018年知识付费的大门,而知乎、得到、分答等一大波知识付费平台相继走红。随着各类平台和创业者的加入,知识付费产业目前包含社交问答、内容打赏、知识电商、讲座课程、付费文档等多个类别,市场不断扩大。

（4）共享经济。虽然共享经济在去年就已被津津乐道,但在今年则发展得更为完善。除了被人们熟知的共享自行车外,共享电动车、共享汽车、共享雨伞等横空出世,就看谁的脑洞比较大,能立刻瞄准人们的刚需。比如蚁窝设计的新共享模式,如量慈共享健康、共享珠宝、蚁窝众创等,依然得到大家的认可。然而,做共享项目的风险极高,单从共享单车方面来说,就已经有不少创业公司失败,因此越是热度高的行业,竞争尤为激烈,创业难度也比较大。

（5）5G时代。2017年12月21日,在国际电信标准组织3GPP RAN第78次全体会议上,5G NR首发版本正式冻结并发布。2018年2月23日,沃达丰和华为完成首次5G通话测试,标志着5G时代即将来临。此前有消息称，我国 5G 技术研发试验在 2016~2018 年进行，分 5G 关键技术试验、5G 技术方案验证和 5G 系统验证 3 个阶段实施。因此 2018 年就成了 5G 发展最为关键的一年，5G 技术的成熟，意味着将会有不少机遇和创新。

（6）区块链。说到区块链，相信大家的反应一定是比特币。区块链衍生下的虚拟货币，当然不足以概括整个区块链。区块链正在回归本质，从简单的虚拟币到区块链技术在各个行业的应用，可以想见，区块链技术将成为未来互联网的基础之一，可用在公益、物联网、房地产、艺术行业等各个领域，沙漠变绿洲就是一个很好的例子。

（7）人工智能。第二届世界智能大会刚刚召开，人工智能技术产业发展迈入了新阶段。人工智能技术的快速发展，催生了智能机器人、智能家电、智能网联汽车等新型智能产品，具有广阔的市场前景及创新创业前景。

（8）短视频。这是一种互联网内容传播方式，此前已出现过不少短视频平台，例如秒拍、快手、抖音等。目前，短视频行业竞争进入白热化阶段。2018 年年初，短视频被整治，这一市场经历了洗牌，但竞争依然激烈，要在这一行业脱颖而出，需要具备巨大的勇气和高超的智慧。

文化复兴：成为下一个创新中心

文化复兴是中国的国家战略。在 2017 年年初，中央颁发了《关于实施中华优秀传统文化传承发展工程的意见》的文件，要求各地区、各部门结合实际认真贯彻落实。这是第一次以中央文件形式专门阐述中华优秀传统文化的传承发展工作。可以说，这对延续中华文脉、全面提升人民群众文化素养、增强国家文化软实力、推进国家经济和产业发展，都具有重要意义。

文件指出，中华文化源远流长、灿烂辉煌，这是当代中国发展的突出优势。此外，坚持创造性转化和创新性发展，将使中华民族最基本的文化基因与当代文化和现代社会相适应、相协调，必然有助于解决当前问题，回应时代需求和挑战，使中华文化成为民族复兴、国家富强、人民幸福的有益精神财富。可以预见，文化复兴也将成为中国下一个创新中心。

中华优秀传统文化的核心思想理念，可以为人们认识和改造世界提供有益启迪，可为建设理政提供有益借鉴。中华传统美德体现着评判是非曲直的价值标准，潜移默化地影响着中国人的行为方式。中华文化所包括的人文精神，滋养了独特丰富的文学艺术、科学技术、人文学术，至今仍然具有深刻的影响。文化的复兴必将全方位融入国民教育各个领域、各个环节，与人民的生产、生活深度融合，带来多方面的创新，而创新又带来创业，文化产业也由此而发展，为创业提供更大的空间。

中华文化的复兴正逢其时。这是因为文化的复兴与经济发展的速度是成正比的。在20世纪90年代，随着社会的开放，人们对西方的物质、文化等需求旺盛，这促进了中国经济的不断发展。进入21世纪之后，中国在科技、制造、贸易等方面继续不断得到新发展，使得民众对适合自己的精神层面需求越来越强烈，要求文化的复兴和消费。

在现今的中国，关注文化的群体也正在形成，以90后群体为主。正如资深的文化创业者陈睿所分析的，这一群体受过高等教育，有高度的文化自信、人文素养。互联网为他们打开了世界的窗口，他们了解自己的兴趣，不再满足单纯的外来文化灌输，于是主动发掘并传播属于自己的传统文化，开始追寻更加适合自己的文化层面的需求。这一群体就成为中华文化复兴和传播的主力，也形成了巨大的文化产业市场。

互联网促进了全球年轻人之间的交流，开阔了年轻人的视野，对于中国90后的年轻人来说，他们喜欢传统文化，通过研究、讨论、交流，体验制作汉服等产品，表面看是追求个性，其实是在追求和宣传自己的主张。在东家平台，65%的匠人都是80后90后，越来越多的年轻人投身到匠人与文化相关的事业中。在现实生活和适合自己群体的文化中不断进行互动和交换，吸收与现代生活相协调融合的文化因素，以群体和文化的自我归属感、自信心形成了一个共同的文化圈和消费圈。而国家对文化复兴的推动，不管是在文化的传承和创新还是在产业的发展，以及创业者的创业方面，都很振奋人心。

互联网的发展和繁荣，同样促进了中华文化的传播和复兴，以及相应的创新，这是应用高新科技的必然趋势。互联网与中华文化并不冲突，而是相得益彰、互相促进。因此，文化复兴在当今互联网+高速发展的新时代，已经有机地融合成"互联网+中华文化"的模式，由推动创新到推动创业，又由创业激发创新。这意味着互联网与传统文化形成了密切的共生关系。互联网让中华文化变得"可触摸",也让如国学这样的文化精髓焕发出时代魅力。事实上,基于互联网的产品输出,科技发展和创新不仅可从物理手段上完成古代典籍修复,更为传统文化提供了多样的载体。当然,这两个领域的结合符合社会发展的趋势,也具有广阔的市场空间,但也对相关创业和从业者的专业性提出了较高的要求,展现出一个创新和创业的新领域。

这就使得更多互联网行业、投资行业、文化行业的从业者聚焦"互联网+中华文化",加速产业的跨界融合、资本无缝对接,打造"移动互联网+中华文化业"的未来新入口,以文化复兴和先进技术带来的商机,推动创业大潮的进行。此外,旅游、游戏等产业,也越来越多地与传统文化相结合,形成新的领域。

中华文化复兴和发展,已孕育出广阔的市场,形成巨大的产业链。艾媒咨询(iiMedia Research)的数据显示,2018年传统文化电商的交易已达到100多亿元的规模。文化复兴吸引越来越多的互联网巨头和创业公司参与,诞生了很多创业与商业机会。腾讯是一个典型的例子,它启动了多项文化合作项目。如腾讯与故宫博物馆合作,刷新了人们对互联网+传统文化的认知。

以传统文化为主题的内容、IP、电商等产业,可能会带来千亿市场。这些年来,传统工艺、国学热、汉服等文化产品,越来越多地出现在年轻人的日常生活中,逐渐成为潮流和时尚。随着移动互联网的发展,中华传统文化开始借助视频、音频等新兴渠道不断扩展。纳豆奶奶身着汉服走在东京街头的相关视频获得了57万点击量,7000多条弹幕;还有一个纪录片《我在故宫修文物》,播放量超过314万,弹幕过8万;直播平台上,蔡阳就演奏二胡、普及相关知识的直播超过20万网友观看;斗鱼上一个书法主播就有近5万粉丝;花椒上一个弹古筝的男主播吸引了超16万粉丝。在荔枝 APP 上，与传统文化相关的直播接近全平台所有品类的 15%。每周这类直播过万场，以 90 后学生人群为主要用户。

这样的市场前景，吸引了许多的创业者。有不少与传统文化有关的创业公司备受资本关注。据 36 氪网站报道，亚洲最大的匠人手作电商平台东家完成 1.1 亿元 B 轮融资，此前已完成数千万元 A 轮融资。东家的理念是"让传承成为潮流"。这家公司到全国各地走访，寻找传统手工艺的匠人加入平台，把传统工艺变成与时代相结合的艺术品。目前已在全国联系超过 3 万名手工匠人，6000 多名匠人已经入驻平台，单月 GMV（商品交易总额）近亿元，平均单价近 2000 元。

在文化复兴的推动下，全国各地都推出了扶持文化（文创）产业的政策，为文化行业的创业带来很多机会，这也使得文化产业投资有着利好的内外环境。中国文创产业从 2004 年兴起，到 2014 年的 10 年间，每年的平均增长率达到 21.3%，2014 年全国文创产业的增加值大概在 2.4 万亿元左右，占 GDP 的比重达 3.76%。当然，这一数字与发达国家相比还是有差距的，如美国的占比超过 7%，欧洲有些国家达到 11%。但这也意味着，未来的文化产业的增加值还有非常大的发展空间，这也是创业者们的施展空间。到 2015 年，国内的内容付费用户的规模大概仅有 4800 万人，2017 年就达到 1.88 亿人，2018 年达到 3 亿人。文创产业的发展指数排在前位，2016 年北京市的文创产业收入是 17885 亿元。这都说明文化产业为创业和创新者创造的发展空间很大。

对于文化产业的创业者而言，尤其要注重企业和产品的文化及精神内涵。文化产业的创业者往往是从一个成熟的点子起步，然后将其变成一个充满创意的文化产品，可以给消费者提供文化方面的服务，提高人的品位，给人带来精神上的享受。一名文化产业的创业者还应该具有创新的精神，不应抄袭别人的想法，要知道，投资者一般不会投钱给有抄袭嫌疑的文化类创业公司的。文创公司不仅要注重专业领域内的资源整合,形成经营平台和产业链,还应重视大文化的跨界融合。文化产品已经不是单纯的纯文化物品或内容,还包括科技、金融、旅游、时尚、衣食住行跨界结合的产品,如文化与旅游结合,未来可能会越来越得到消费者的关注和欢迎。文化产品也可以做得细致而精美,很能吸引关注,这样的例子有二更、papi 酱、罗辑思维、知乎等。文化具有全球性,文化公司的创业或创新者应该有这样的视野。一方面,让自己的产品受外国年轻人喜欢,如电影、动漫等一些文化类时尚消费品都是无国界的。另一方面可从国外引进适合传播的类似文化产品。

君品资本创始人陈海提出了自己的见解——使命感:"走走回头路,淋淋历史雨,寻找传承中华民族文化遗产的创业项目,并将其孵化于现代商业模式中。"文化需要穿越,更需要整合;既要激发资本的力量,又不破坏历史的低调和内敛。在对若干类传承传递真、善、美题材的电视剧进行创作、投资的同时,君品资本还找到了一些科技和文化结合点的项目,爱开始(Action)就是其中一个初创项目,种子期介入,投资数百万元,分别在北京、杭州组建团队,运营 16 个月时间,业内估值已逾 5000 万元。作为一个影视类科技数据服务平台,其采用云计算、移动互联网、大数据分析及人脸识别等技术,为影视行业拍摄阶段提供最先进、最专业和最便捷的信息化及金融支付服务。平台目前专注于影视剧筹备、拍摄期选角服务。旗下已经开发大众版、剧组版、基地版三款 APP,全方位建立起从选角招聘、现场管理到片酬结算在内的一站式服务体系,彻底改变影视行业传统作业方式,使剧组工作流程更加专业化、便捷化。同时,专业的金融支付功能使拍摄结算更加准确、便捷、透明,直击行业片酬虚浮的痛点,让影视行业回归品质之路。大道至简,即使是复兴之时,回归之路也必须有一颗从繁到简的心。同时,也要注意以下几点。

一是警惕资本的泡沫。有时投资人碰到的问题是要价太高，如 10 亿元、20 亿元的价格，这就透支了创业企业未来的发展空间。

二是慎重对待平台类项目。因 BAT 等巨头的触角已伸向许多优质文创产业的产品，又建成了一些大平台。这使平台类文创产业的创业者机会越来越少，尤其是那些还停留在传统经济模式的创业项目，虽看上去与互联网相关，但却难以获得持久效益。

三是顾及政策因素。偏内容和媒体传播类的文化创意类产品和企业，受政策导向的影响难以预估，不可控因素比其他类别的项目有所增加。如一些电影因政策原因需要调整档期，在一些自媒体上也可能遇到这样的问题。

四是注重创业者自身的素质。投资项目的核心是投人，有时商业模式和财务报表并不十分重要，重要的是创业者自身的素质，要看此人是不是真正在创业、想做事情，这才是投资人首先要考虑的。

中篇
创业方法论

创业本身是一种变现的过程，可以说充满艰辛。要想成功，不光要努力，还需要客观条件、人脉资源、思维方式，等等，这些都是创业成功的条件，只有都具备了，才有成功的可能。创业就是创业者对自己拥有的资源或通过努力能够拥有的资源进行优化整合，从而创造出更大经济或社会价值的过程。

第五章
创业是一种修行

从0到1，创业定位

我认为创业就像是一场修行，每一步都要走得踏实有力，才会实现最终的创业梦想。创业者的第一步就是创业定位。

为什么选择创业？许多创业成功的人如此回答，一个是靠头脑思维吃饭的，一个是靠具体做事吃饭的，两个无法比较。况且，这几年随着互联网的发展，选择这个平台只会投资小、回报大。为什么这样说？因为你要这么想，互联网创业前期需要稳定自己的心，不能急躁，不能迷茫，不要做三分钟热度的人。前期做到这点就离赚钱不远了。老板是做决策的，员工是执行的。为什么现在聪明人做项目都是自己策划流程，很多杂七杂八的都外包，就是这个道理。可见，在创业之前首先要做的就是定位自己。当然，"行行出状元"，创业不一定都定位在互联网行业，但不论哪个行业，都应该充分运用互联网。

要创业就必须先做好两个字"定位"。简单地说，定位就是看清自己，知道自己到底要做什么，不可能口口声声说创业，而天天在家里睡大觉。不管互联网创业，还是实体创业首先你得知道你自己要做什么？如互联网创业想玩自媒体项目，就需每天专注自媒体，每天起码更新2~5篇文章，多看同行案例，并且请教老师。此外，还要给自己定一个目标，如在多长时间收入一定达到多少，每时每刻都要想到这个目标，这样才不会迷茫。

要记住，要创业的人一定不要混圈子，否则会越来越迷茫，只需确定好自己的项目加油干就行了。

创业首先要评估与自己密切相关的 3 个问题：钱、人、资源。创业定位需要确定 4 个方面：选行业、选人、定价、优化。定位后再思考 3 个问题：我们的顾客是谁？他们在哪里？如何影响他们？

一般而言，选择某行业有两个原因：一是手上有相关行业的资源；二是某行业有前途、竞争不激烈。有前途，指的是该行业的产品具有需求性。还有一点要说明的是，除了看行业的需求性之外，还要看行业的竞争程度，如果选定的行业是竞争激烈的行业，自己又没有资源，就应该果断放弃。当然，进入的行业一定是自己喜欢的。选人就是选目标顾客，选人也是选产品。好的产品应该具有需求、优势、利益。因为每个行业都有高端和低端顾客，有些是单位客户，还有些则是个人，针对不同人群有不同的销售策略和利润目标。选定目标顾客后就不要轻易更换。定价是创业定位的进一步细化，也是对目标市场的细分。定价 5000 元或 1000 元的激光打印机，所面对的人群是不一样的。1000 元的激光打印机可以面向个人来销售，而 5000 元的激光打印机个人一般是不会购买的。产品的定价策略，要结合行业和顾客人群来制定。优化指的是对产品的优化，目的是要迎合顾客的某种深层次需要。为了满足顾客的需要，就要真正地深入了解其需要。自己要跑市场，与顾客交谈，还应该多听取行家的意见，多方收集信息，借鉴同行的做法。

著名的天使投资人蔡文胜从传统行业的创业一直到互联网行业的创业，具有丰富的创业和投资经验，他提出了创业方向和定位要遵守的五大法则，值得重视。

一是选产品遵守 3 个原则。首先要有需求，也就是要有痛点。当然，即使一名创业者找到了痛点，也不见得就能做下去，还要结合自身的优势。当找到这个需求的时候，市场还没有爆发，这就是优势。在 2003 年的时候，整个中国的电子商务其实是一家的天下。Ebay 占了 90% 的份额，之后是淘宝，对电子商务感兴趣的只有 1000 万到 1500 万人，那个时候 Ebay 占的优势没有很大意义，整个市场并没有爆发。中国电子商务市场的爆发是在 2006~2007 年间，所以淘宝迅速超越 Ebay。市场爆发之后，腾讯再去做拍拍就没有机会了，因为那时市场已经爆发过了。当一个市场刚开始起来的时候，腾讯如果马上也做，市场基本上就被它打败。但如果在爆发时已显著领先，那么后来的基本就不用去做了。如当时暴风播放器，后来又有了腾讯影音，迅雷也做了播放器。暴风 2004 年开始做的时候市场没有爆发，到 2007 年、2008 年的时候，市场份额占到了 20%~50%。然后腾讯出了一个 3366，界面非常好，服务器具有稳定性，腾讯甚至买了版权。后来 3366 产品经理告诉蔡文胜，已经把 3366 停了。因为 4399 播放器已经在爆发期领先，后面做的人就是在帮领先的忙。2004 年时，百度在中国的市场份额只占到 30%，当时领先者的谷歌也只占到约 30%。但百度在关键的 2005 年上市了，还有一个很重要的事件，就是 2004 年年底谷歌被停了一年，这样一来，百度立即就超过了谷歌。其次要有优势，或是善于结合自身的优势和长处。即使没有实际优势，也要对所做的事有激情，喜欢干、愿意干、还愿意学习，这些很快就变成优势。最后要有利益。只要有用户，就一定有价值，国外的雅虎、Google、Facebook 都证实了这一点。中国的百度、腾讯开始时也不被人看好，三大门户在 2004 年时都可以收购百度、腾讯，最终还是 BAT（百度、腾讯、阿里巴巴的简称）脱颖而出，因为有用户。腾讯 2004 年在港上市的时候，股票是 3.8 元，后来跌到 2 元左右，大家不相信这家公司最终能赚到钱，结果它现在股价 800 元。关键是亮点：用户有什么特点？用户规模有多大？例如：优酷的用户数相当于百度的 30%。为什么优酷的用户数不如百度？这是因为优酷是视频，带宽成本是百度的几倍，那个时候内容都需要花钱买，但百度是免费的。而美图秀秀不赚钱，但不用担心，许多女性用户用它，必然会有很大的发展空间。

二是尽量没有版权和灰色问题，这样的领域竞争对手不强。2008年以前蔡文胜投过一些网站，有的不成功，如电驴，流量足够大，最终却没有成功商业化。经过反省，发现存在版权问题。作为一个服务于大众的商业网站，一定要尽量规避版权。还要注意跟政府的关系，一直做到上市都如此。如微博在新浪的出现，就有一个政策因素，对于刚开始创业的人，应该尽量避免这些问题。也只有做得足够大了，有一个非常好的团队，可与政府打交道，才可以去做一些跟政府相关的事情。

三是一旦发现将来没有大的机会，马上进行调整和改变。创业者最初创业时，一开始都会想得很美好，但是，在做的过程中，情况是会发生变化的，原来的设想也需要改变。即使BAT也是如此，没有一个创业者完全按照PPT来做。如果创业的体系按照PPT模型做下去，最后一定会失败。在做的过程中，创业者必须根据用户的需求不断做出调整，大方向可以保持不变，但在较小的那些战术、战略方面，需要不断做出调整改变，以适应情况的变化，才有可能做得好。

四是产品的名称要容易传播。要有吉祥的名字，注册商标、地点要好记简单。这些大家虽然都能理解，但还是经常碰到问题。如商标，好的一定抢先被别人注册了。但是可以换一个心态，其实商标是可以买的，有时买的代价不高。很多创业者开始时有关注商标，等到做了好多以后，发现商标不在自己手里，如果人家不卖的话，就可能要从头开始了。

五是利用网络联盟的方式发展，形成产业链。在中国创业跟美国有一个最大的不同，就是中国有个人站长。其实，严格意义来讲，美国雅虎的杨致远，开始就是个人站长。因为当时网站并不是很多，且网站的体系发展得又较完善，加之有一些流量就得到投资而逐渐变成商业网站。但网站越来越多，后来者谷歌把所有的网站都收罗进来，供给访问者便利的搜索，相当于把很多网站联盟起来，这样谷歌自然成为流量最大的网站，谷歌也就自然做大了。百度和淘宝是两个成功案例，都是快速地用联盟方式对市场做出反应。百度在2002年前只是一个搜索引擎提供商，开始做的时候没有流量，就寻找个人网站帮助，也就是当时的百度联盟。在2004年，百度上市前一年，个人网站占百度流量达到70%，而到今天所有联盟的流量转到百度的几乎将近25%。淘宝也是一样，当时跟Ebay竞争时，马云找到三大门户做广告，他一天给了广告联盟1亿元，实际上花了淘宝一半的钱，让中国所有网站一夜之间都弹出淘宝，淘宝在2004年靠这个弹窗占领了几乎所有人的桌面。创业者要考虑怎么利用中国的这种草根站长和草根联盟的力量迅速壮大，但创业者不能像百度和淘宝这两家一样烧钱。百度当时之所以能承受，那是因为分给个人站长的钱是广告主出的，百度只是在中间搭了一个桥，自己还赚了钱。如果一个模式纯粹自己花钱，那么就必须调整和改变。

从1到2，打造爆品

每次和好友小米有品设计总监王阳吃饭，我都会讨教小米的爆品思维。无论从产品设计，还是定价策略，对于创业公司来说，如有一款爆品，就能在瞬间从默默无闻变成网红，建立品牌。但爆品是需要精心打造的，并不是随随便便就能产生的。创业专家总结了一个"爆品金三角法则"，可以供创业者在打造爆品中使用。这一爆品法则，实际上是由3个法则组成的：

第一个法则是"痛点法则"，即产品必须具备至少一个以上的用户痛点。这就是说，产品一定要解决用户的一个一直没有被解决的问题或困难，这样的产品能很快获得市场。

第二个法则又被称为"尖叫法则"，就是要让产品超越用户的预期。小米手环8个月卖出去6000万只，最超预期的一点就是把省电做到了极致，30天不用充电。

第三个法则是"爆点法则"，产品最好能运用互联网的方式引爆营销，如互联网社交营销。小米的MIUI就是成功爆点法则的例子。

小米是擅长运用"爆品金三角法则"的典型例子。小米的内部对于"痛点"流行一个"一剑封喉"的说法，寻找一剑封喉的痛点必须先从铁杆粉丝开始。例如，前期先找到100个铁杆粉丝，让这些铁杆粉丝深度参与小米产品MIUI的设计、研发和反馈，最终改进产品对用户痛点的切合性。而这100个人也被看作是MIUI操作系统的点火者，甚至是小米的"100个梦想赞助商"，小米粉丝文化就是这样发源的。在产品上，粉丝既是参与者，也是裁判。小米10万人外围产品团队就是在这一思想指导下创建起来的。在MIUI早期，小米就确定了两个机制：首先是以论坛为核心的互联网开发模式；其次是在个性化和易用性上重点发力。

小米不仅让产品产生"尖叫点"，还要让用户感知到这些。MIUI的负责人洪峰曾说："尖叫很重要，但是一年让你尖叫一两次就够了，长久以来让你会心微笑更重要。"雷军做小米手机，找到了一个爆点切入口，这就是把手机当电脑做。小米1为了打造爆品，下功夫最多的就是高配低价，性价比高。而高性价比，还应该让用户感知到，他们就通过跑分的方式来展现，让用户有一目了然的价值锚。雷军最强的一招就是跑分，小米在早期甚至被称为"只为跑分而生"。

除了运用互联网方式引爆营销，小米还通过事件营销打造"爆点"。事件营销也是小米最强大的武器。小米事件营销，背后有两大秘密武器，即强大的粉丝队伍和运营。小米的成功，可以说是"米粉"用极致力量成就的。在服务一线，小米学习了海底捞，给这些服务人员一些权利，如有用户投诉时，客服有权根据自己的判断，自行赠送贴膜或小配件。所以有人说，小米基于互联网的营销，其背后存在着"点对点"的革命。另外，饥饿营销和病毒营销也是小米事件营销的一个具体体现。病毒营销的本质是脑洞大开，最有影响力的事件就是"我们的150克青春"的营销活动。用这个主题，小米策划了打篮球、翻墙、考试作弊等与学生相关的宣传内容，在校园进行了长达一个月的宣传。小米的成功，门槛并不高，创业者完全可以根据自己的具体情况，用微创新方法应用他们的这些做法，当然，一定不能生搬硬套。

为运用好"爆品金三角法则"，从产品研发到营销，都需要对人性有一些深刻的理解，从人性的深处去挖掘需求并满足用户。这就要求创业者热爱生活，在生活中寻找答案。

还有一些常识性的东西，也需要创业者在打造爆品时特别留意。

创业公司做爆品要及时营销和卡位。创业者必须快速地将产品或服务的定位、特色、优势讲清楚，并传播出去，及时告诉同行和投资人，及时卡位。否则，很难快速获得投资和各种资源，难以拉开与对手的距离。对于细分领域的领先者而言，及时营销、卡位将产生3个效果：一是通告投资人，现在有一个创新的产品，让投资方主动找过来；二是对目标受众广而告之，这样将会吸引一部分用户；三是告诉同业，有一个爆品已经产生，请不要原版照抄，否则有侵权嫌疑。

创业者做爆品要善于搭上巨头的船，即抱大腿。创业团队做爆品，一定要善于借势。凡是热门的领域，不可能只是一个创业者或一个团队能看到机会，通常情况是有多个团队进入这一领域，争夺市场。这时，竞争的是速度和资源聚集能力，创始人的头脑一定要清晰，有机会时赶紧抱住大腿，不要犹豫。抱上大腿不仅意味着挣大钱，还意味着得到重要资源。互联网巨头现在采取生态链战略，在每一细分领域寻找一家领先的创业公司，作为其生态链的核心成员。这甚至是关乎创业企业生死的问题。当年，导航犬创始人钱进有机会将导航犬卖给阿里，结果在与阿里谈的时候，钱进想得到一个更好的价钱。这使阿里很快投向高德，导航犬最终只能以低得多的价格卖给了四维图新，这也让钱进完全退出了导航服务领域的创业。博派养车是个成功的例子，其果断地接受了京东和易车的A轮投资，得到的是现金加上资源，订单量大增。相信其下一步将会得到更大的投资，甚至会得到行业第一的地位。

既然是做产品，那么，还有一个很基本的条件或要求，即爆品应让用户容易使用，价格也应该合适，产品的原理、性能都容易被用户或顾客理解。

爆品的产生是天时、地利、人和汇聚的结果。合适的产品或服务，加上在合适的时间集合起来的人、财、各种资源，才有可能"爆"起来。

在互联网时代，有一些传统的营销观点应该被颠覆，即爆品一定要以产品做支柱。互联网时代信息传播迅速，对于产品的性能和特点，用户很快就能知道得一清二楚。只有好的产品才能够建立起好的口碑，以至于成为爆品。

既然重视产品，就一定要把产品做到尽善完美，即使是爆品，也有可能会被新的爆品所取代。宝洁早期曾以"去屑"等创新产品形成洞察用户需求的核心案例，但是现在，宝洁这种浅挖掘的模式已经干不过深挖掘模式。如在卫生巾市场，宝洁的护舒宝挖掘出"护翼"防侧漏的痛点深受女性用户欢迎，但当苏菲以"超长夜用"为痛点开拓市场后，护舒宝的份额就受到了严重的挤压。口碑的作用在现今互联网时代是很重要的，口碑是真实的评价。小米手机靠着口碑，不用花一分钱就把用户做到了100万。作为一名创业者，一定不要放松对产品的极致打磨。只有充分考虑方方面面的问题，使产品足够完美，竞争对手才不会乘虚而入，也才不会发生爆品干掉爆品的事情。这样，成功的爆品将会为企业家开启成功之路。

如果一个创业者还是坚持"营销为王"和"渠道为王"的传统思维，可能很难打造出能坚持长久的爆品。创业者首先应该关心产品问题。乔布斯曾说过："如果公司的掌门人是营销出身的，公司迟早都会衰落。"对于微软，乔布斯判断："只要鲍尔默还在掌舵，微软就不会有什么起色。"微软的鲍尔默是做营销出身的。因为营销人员可以推动销售，改写收入数字，而对产品质量和开发不会太重视。IBM和微软日渐式微，都存在上述的问题。而苹果特别重视产品，爆品一个接一个诞生，以至于成为全球最值钱的公司。而宝洁偏重品牌和营销（热衷于收购和品牌的放大），致使企业危机重重，业绩大幅下滑，2014年宝洁业绩仅增长1%，净利润下滑了20%。

从2到3，锁定用户

创业者在推出产品之后，还要善于锁定用户，维持已有市场的增长和稳定。顾客锁定是交易活动中的常见现象，指的是经济主体（厂商）为了特定目的，在特定产品的交易中，通过提高对方转移成本的方式，对交易伙伴（顾客）所达成的排他性稳定状态。转移成本指产品用户转向其他厂商所需付出的代价或失去的利益。在具体的商业行为中，锁定状态表现为锁定主体对客体的获得和保有。锁定的结果是留住了顾客：假如顾客在一个阶段购买了A厂商的产品，那么在下一阶段，由于转移成本等因素，顾客将会继续购买A厂商的产品。可以有多种多样的方式锁定用户，现略举几种。

一是用产品系列锁定客户。即使只是一种产品，也可以有多种型号，在功能上略有差异，形成系列。其中，有基础型的产品、有升级型的产品，买了一种就可能产生对另一种的需求。只要有需要，顾客也愿意拥有成系统的某种产品。

二是用消费奖励计划锁定顾客。消费使用的次数越多，积分越多，价格就越便宜。这种方式尤其适合于消耗性产品或服务型产品。

三是用人际关系锁定顾客。就是形成人际关系群，以人际关系指导顾客的产品选择。在互联网时代，人际关系群可以是一个网络社区或产品的多种粉丝群。

四是用个性化解决方案锁定顾客。在基础性产品之外，又附加针对个性化需要的附件，或是为顾客量身定做个性化的服务方案。

五是用消费习惯锁定顾客。在提供便于使用的产品的同时，也提供方便顾客的产品服务。在培养消费习惯的基础上，用产品锁定顾客。

实际上，顾客的转移成本总是存在的，关键在于这一成本是否大到足以锁定用户。有两大涉及转移成本（包括信息成本），从而成为影响顾客转移的因素：一是有限信息影响顾客选择。顾客决策是一个搜寻、比较和选择的过程。顾客在进行决策之前首先会展开信息搜寻活动，但是当信息或知识的获取需要付出代价时，人们对信息的获取就不是随意的，而信息的掌握程度又直接决定了顾客选择，有限的信息导致顾客的习惯性购买行为。同时，顾客的信息缺乏和习惯性购买行为增加了新厂商进入市场的难度，使顾客的选择更加有限。二是转移成本限制顾客转移。转移成本是指顾客从现有厂商处购买商品转向从其他厂商购买商品时面临的一次性成本。

大致可从四个方面把握转移成本的因素：

一是沉淀成本。即第一阶段交易活动中所发生的不可收回的成本，只有在交易继续发生的前提下才有价值。例如，产品系列的配套使用。

二是交易成本。指寻找新的交易者，以及进行新交易所需要付出的成本。包括更多的时间付出和查询费用等。

三是转移导致的优惠折扣损失和合同所产生的成本。

四是心理成本。指情感因素所导致的成本感受。心理因素导致行为表现为非线性，但这要因人、因时、因事而异。情感需求包括信任感、归属的需要、尊重的需要和为我服务，并已逐渐成为主导性的需求，使得消费选择并非完全的物质利益取向，具有了稳定性的特征。此外，还体现出消费者的行为互相影响。

为了锁定用户，则必然要争取用户，这就导致了两种不同的厂商或创业者产品策略，两者进行市场博弈。

一方要累积顾客的转移成本。转移成本是一个逐步投入和不断累积的过程，会随时间延续而发生变化。增加转移成本的方式主要有：诱导顾客耐用成本投入，并降低该耐用成本与竞争产品的兼容性；提高顾客的学习成本，针对特定品牌开展培训；引导顾客参与并提高其时间和精力的付出，以及提供个性化服务，使其转向竞争者获取同样服务需花费额外的时间和精力；顾客优惠折扣和合同；运用关系营销培育顾客好感和忠诚度，提高顾客转移的心理成本。

另一方要降低顾客的试用成本。有限的认知资源日趋成为厂商竞争的焦点，对于厂商来说，如能在庞杂的信息资料中使本厂资讯脱颖而出并被消费者注意，这是取得销售成功的前奏。降低顾客的试用成本的方式主要有：选择正确的信息传递渠道，使之适合消费信息的获取模式；塑造产品信息的差异化，包括产品本身差异化和塑造品牌优势以提高顾客忠诚度；通过提供综合性服务、加强搜索功能、简化交易程序、定向广告策略等方式降低顾客的信息搜集成本和交易成本；利用定价和广告策略向顾客传达关于产品质量的信号；提供安全性与合同承诺，降低顾客交易风险。

从3生万物，构建创业生态圈

修行的极致，不是要成为一个独来独往的大侠，这样的大侠无法在创业圈中生存，而是要建构一个创业生态圈，在一群具有多种专长、各具优势、互帮互助的人群中求发展。

生态圈的概念对很多创业者来说并不陌生，将其运用到创业过程中会涉及各个方面的问题，包括人事、社保、法务、投融资对接、云服务、项目资源、产品销售、创投圈活动等，需要整个创业生态环境的资源协同，才能推动科技创新成果的"成功孵化"。

而创业者的发展需要自己的载体，需要一个体系或者网络，或者说创业生态圈的前一种形态"众创空间"，为创业者们提供实现创意、交流创意思路及产品的线下和线上相结合、创新和交友相结合的社区平台。这种平台在逐渐扩大、发展后，则需要更广阔的空间和资源，走向创业生态圈。

伴随着我国政府对于创新创业的重视，一些具有典型意义的创业生态圈正在逐渐发展和形成，当前我们已经可以看到一些创业生态圈，或者众创空间的迅速发展。据不完全统计，全国目前已初步形成一百余家具有相当规模的创业生态圈，以北京、杭州、南京，以及深圳等大中城市的发展尤为快速，其中包括中关村创业大街 Binggo 咖啡、杭州蚁窝众创，等等。

在创业生态圈中，蚁窝就做了大胆的探索和创新。蚁窝链创众创系统是中国第一家创业服务生态平台，目前已经形成 12 个产业的创业生态圈。蚁窝创立于 2015 年，一直致力于国内创业者和中小微企业的孵化，利用联合创业者的力量，从商业模式的设计到辅导运营，已经帮助了很多创业者，短短的几年从一个微信社群，演变成一家创业集团。蚁窝希望未来的路能与更多的初创企业携手并进；为更多的创业者提供广阔的资源分享平台，打造国内最完善的创业生态价值链。

第六章
创业者素质解析

创业的出发点：不忘初心，方得始终

事实上，对于投资人来说，大部分的创业者和创业项目都不能让人眼前一亮。当然，几乎所有创业者都看起来很优秀，擅长言辞且意气风发，但还是会让人觉得缺少了点什么。说白了，大都缺少真性情，这是一种由内而外的纯真，甚至会通过不安透露出来。创业者们总在试图说服别人，有良好的沟通技巧，并表达自己的谦虚品德，有时候，谈话或沟通的技巧表现得有些刻意。今天的确是最好的创业时代，但也许是最坏的时代，因为并不是人人都能去创业。当然，创业并不是什么新鲜事，从古到今，每个时代都会出现典型创新者，即使从事的不是互联网行业，但与互联网创业的区别，就如一件蓝衬衫和白裤子的区别，不同的只是款式。

不论是"风口论"或"互联网思维"，不论是"互联网+"或"众创空间"，都只是不同的代表符号而已。创业者真正需要思考的是内心深处有什么不安，使人不断挑战自己，创造出一个接一个的新管理方式或新技术呢？又是什么样的动力，才能使得人战胜无穷尽的困难，翻越一个又一个的障碍呢？这就是人的初心，对于创业者而言就是创业的初心。有人把这种动力称之为偏执，其实正当的偏执并不是疾病。与精神疾病有天渊之别，精神疾病的患者往往认为自己最正常，他们的内心没有不安。奔走在创业路上的创业者，哪怕此刻还无法达到成功，至少要将初心好好珍藏，不让这颗初心因岁月的冲刷而斑驳失色，要静静地等到时机到来的那一刻。阿里巴巴的缔造者马云，在人生的道路上处处碰壁，考了三年大学才考上杭州师范学院；后来申请了很多大学，想继续深造，结果没有一所大学愿意录取他；他跟24个同学一起去肯德基应聘服务员，结果23个人被录取，唯独他被淘汰；他与5个同学报考警察学校，结果4个人被录取，还是他没被录取；他和表弟一起去宾馆应聘服务生，他表弟被录取了，他依然没人要。也许，上天有意让他自己去开创事业，正是这无数次的被拒绝，让他痛下决心、努力学习，让他变得不怕被拒绝、屡败屡战，让他最终有机会去缔造阿里巴巴的商业王国。如今阴差阳错、剧情反转，马云斥资收购肯德基、创办湖畔学院，甚至成为国家重要领导人的座上宾。这似乎是命运使然，但更是一种不忘初心的志气。

当然，大多数创业者在开始时似乎都是一时冲动，那时想趋利避害或轻松赚大钱。谁会愿意当老黄牛呢？要不就是找不到工作，或工作中没遇到个好领导，也可能是公司倒闭、工厂停产。诸如此类的原因，都不外乎现状令人不满，又不甘心就此老去，所以就趁着年轻出来拼一把。其实，创业成功率不比赌场赢大钱的概率高多少，大部分创业者都可能是失败的，最终能把公司卖掉拿点钱已经是非常好了，几亿人中最后能走出来的当然屈指可数。初心可能是简单的，但简单也是初心，要不忘初心、方得始终，相伴直到创业成功之后。即使大部分创业者在创业刚开始时似乎是一时糊涂，但还是有一个初心的。在出发以后，还是应该不时想想自己的初心：当初是因什么而开始，然后又靠什么坚持下去？可以一时糊涂，却不能一直糊涂，所以一定要找回初心。

有一个创业者，从一个非常强的大公司出来，大概也是一时糊涂辞职，出来数年一直没有做出很大的成就。他创办了一家咨询性质的公司，饿不死也肥不了，有一天终于发现一个还不错的市场切入点。但在谈融资时依然念叨着原来那家大公司如何如何，心里一直放不下。项目内容稍微问得仔细一点，就说是机密，连融资的钱打算怎么花都是机密，使人哭笑不得。这就属于比较典型的一时糊涂，后来他一直没有找到初心，所以无法找到内心真实的不安，那种不安应该来自急切地想要创造什么却尚未完成的初心，如没有这种初心，创业是很难成功的。

  据说任正非当年在经营中被骗了200万元，以致被国企除名，曾请求留任，却遭拒绝，还背负了200万元债务。老婆也与他离婚。他一个人带着老爹、老娘、弟弟、妹妹来到深圳住棚屋，创立华为公司。没有资本、没有人脉、没有资源、没有技术、没有市场经验，看起来谁都比他强。在经过二十多年的努力，一手把山寨公司变成了震惊世界的科技王国，带领华为走向世界，创造了新高度，同时也开创了中国企业先河的经营哲学。这是一个不忘初心的人！腾讯创始人马化腾，曾经为推广自己的OICQ，也就是如今的QQ，自己扮成女生跟人在网上聊天，据说当年他想以50万元卖掉腾讯，结果没人买，因为大多数人对新事物难以做出大胆的预见。马化腾曾动摇过，但最终还是不忘初心，硬着头皮坚持自己运作。如今，腾讯成为BAT三大巨头之一，也真是得益于当初转卖的无人问津和马化腾自己的决心与坚持。大道至简，不管是创业还是做事，各种复杂的人际关系技巧都只是术而已，人性中最吸引人的地方一定是源自心灵本源的纯真。这种纯真能够支持人在黑暗中寻找光明，在迷茫中清晰自己，这就是创业者的初心。所以说，不忘初心、方得始终。

角色扮演：创业者、销售员、管理者、技术员

一名创业者必然要身兼数职，首先是一位在创业道路上摸索的创业者，他还是一个管理者、一名技术员，这每一项角色都融会在他身上，不能分开。一个新创的企业想做好，有着一个最基本的逻辑，那就是任何一个企业都起源于一个产品，然后围绕产品找准一个市场，接下来就要服务一批客户。产品可以是一个实物、一个服务，也可以是一个设计、一个想法，创业者要把产品看作一个项目，在这个时候创业者非常重要，要身兼数职。

很多新企业的早期，创业者首先是销售员，然后是技术员，最后是管理者。企业早期的问题就是一个技术问题和市场问题，都需要管理。创业者有两种人，一种是做技术的，一种是做市场的，而做财务的很难成为创业者，做采购的也很难。这时候没有复杂的管理问题，更多的是怎么把东西卖出去的问题，在这时候，关系、资金、技术都特别重要。一个企业通过某种关系做成了一个市场的时候，往往一个很大的问题就出现了：发现客户的能力还没有培养起来。有的企业一直做不大，很多时候就是这种能力没有培养出来。创业者做销售就培养了这种能力。人生的成就跟两个基本因素有关，一个是资源，一个是能力。当然还有运气的因素，而人的运气其实只跟一个东西有关，就是机会，关键要看创业者是否善于把握机会。能力一般都是自己培养出来的，或者是有人教导。有人教导，那就是

贵人相助，自己培养其实就是个人奋斗。这两者创业者都需要。人到最后都是被能力成就的，创业者的能力在企业早期尤其得到造就，因为身兼数职，还因为没日没夜地干。企业领导者还要学会去看这个世界，等到企业发展起来了，原来的创业者尤其要认识到，自身所兼的这些角色都要交给别人去干，在很大程度上，自己已没有精力胜任多项职责。

当创业者的企业发展到一定程度，就会发现自己忙不过来了，创业者要聘请员工。当把员工请进来的时候，创业者就要做出改变。要去判断现在应该怎么办？每一种判断的背后都有一种或好或坏的结局。创业者的判断可以成就自己，但不切实际的判断也会葬送自己。智慧就表现在当断和不断之间。作为一个创业者和企业家，什么叫判断呢？当自己已经忙不过来了，就要找人帮自己干。当员工招聘进来以后，创业者怎么对待员工，怎么对待自己，这都需要智慧。现实中有很多企业家把员工招进来了，对于自己却不知道该怎么办，结果还是像原来一样一天到晚忙忙碌碌。这种企业当然发展不起来。那么，创业者把员工招进来后，应该怎么做呢？就像古语说的："今子处高爵禄，而不以让贤，一不祥也。"（《墨子·鲁问》）

当然，创业者的老板地位不会变，但在职能上却必须放手，让能者来干。创业者要虚心承认自己不是样样第一，在许多方面都有比自己更强的员工。这也是招员工的初衷。创业者把一个员工招进来，就要接受彼此的改变。清华的校训里面特别讲到"自强不息"，不息就是不停息，自强就是自己改变自己、提升自己。让能干的员工来干，就是对创业者自己境界的一种提升。因此，自强不息解释出来可以是不停地改变、提升自己。

正确的金钱观：不要为金钱透支健康和亲情

还有一点对于创业者是很重要的，那就是不要为金钱而透支健康和亲情。许多创业者在这一点上失败了，有的没有挣到多少钱还失去了健康和亲情，还有一些创业者虽然挣了许多的钱，却得不偿失地失去了健康和亲情。

中国经济在这些年虽然大步前进，人的健康却少有提高。经济增长当然可以解决一些社会问题，却不能保证给每个人带来更好的生活和健康状况。中国的富裕阶级，在欲望和生存的两个极端徘徊，透支着健康，也透支着未来。据统计，中国死亡率最集中的年龄段目前是30~50岁，高知人群的平均寿命仅58.5岁。一项对中关村82家企业2642名员工（80%年龄在26~35岁之间）的调查表明：84.2%的人工作压力很大，89.9%的人对自己的健康不自信，在接受调查的人中没有一个人能够保证三餐规律。颈椎增生、骨质疏松、微量元素缺乏和脂肪肝等"中关村综合征"尤其突出。时下流行着一句话："40岁前用命换钱，40岁后用钱换命。"由于紧张、压力、不良生活习惯所造成的一系列身心疾病，如高血压、高血脂、冠心病、溃疡病、糖尿病，甚至癌症，不仅发病率逐年升高，年轻化趋势也越来越明显。20世纪90年代以来，在中国、孟加拉国、巴基斯坦、韩国、苏丹这些国家之间做比较，人均寿命增幅最小的竟然是GDP居世界第二的中国。《2009中国城市健康状况大调查》所揭示的全国性数据表明：

北京、上海等一线城市白领亚健康比例达76%，真正意义上的健康人群比例不到3%。而哈佛大学2008年的一项研究显示：美国白领平均寿命已上涨到82岁。

实际上，透支健康的人永远也不会富有。21世纪是个竞争激烈、人才辈出、群星灿烂的世纪，各路精英异军突起，引领风骚，创造了一个个奇迹。但同时却又有许多青年英才、创业者、企业家、科学家相继倒下，他们不是死于工作，而是死于对健康的漠视，或者说死于无知。当然，社会因素也不可忽视，这是一个转型期社会，物欲日盛，急功近利。个人失去一切，美好家庭破灭，幼年丧父，中年丧夫，老年丧子。哪怕是富豪，如果不遵循健康规律，寿命将可能比别人还短，在健康面前，财富、地位、权力都无济于事。有一位38岁的病人，作为董事长管理着好几个公司，有一天突发急性前壁心肌梗死，动脉硬化的程度比七八十岁的老人还要严重。他问医生："上帝怎么对我这么不公平，我年纪轻轻，事业发达，怎么会得这种病呢？"医生回答他："健康面前人人平等，再好的高科技都不会让患过病的身体恢复到原来的状态，生命和金钱是不能画等号的。"

中秋节是本该团圆的日子，但在这一天却有许多人品尝着寂寞。随着第一代独生子女群体长大成人，外出求学、工作，又随着独生子女婚育期的到来、城市化进程的加快、住房条件的改善以及人们观念的改变，中年空巢家庭已成为普遍现象。空巢现象从老年蔓延至中年，空巢父母如何抵御提前到来的孤独危机，成为当今社会的一个深刻话题。有一项调查显示，在长达五年的时间里，超过三成的职场人从来没有和父母一起过过中秋节，他们的年龄大多为26~30岁，而与父母一起过中秋的次数在三次以上的职场人不到四成，生活在异地的上班族尤其如此。"留守老人"是孤独的守望者，遍布中国城乡的留守老人，他们一边佝偻着身躯劳作于阡陌之间，一边还要隔代抚养孙子、孙女。他们在默默操劳的同时，内心还承受着对子女的思念、生活的各种压力及孤独、寂寞的煎熬。留守儿童是爱的渴望者。西安蓝田县孟村乡大王村，10 岁的留守儿童小阳喝农药自杀了，孩子生前的愿望是能有一盏台灯。孩子的父母长期在外打工，而家人认为，作业负担重、老师体罚是导致孩子自杀的原因之一。旅居北欧，事业有成的 Bill 过得并不快乐。Bill 说："我经常从噩梦中惊醒，不知不觉已经满脸泪痕。我会想到父母已经垂垂老矣，他们可能会患上什么不容易治愈的疾病，可能深更半夜突然出现意外状况却无人救助，叫天天不应、叫地地不灵。"

对于创业者，挣钱虽是重要的，但挣钱一定要有理性，尤其不能因为挣钱而透支健康和亲情。否则，必然会拖创业者的后腿，甚至使挣钱失去意义。生活在中国社会中的创业者还需要避免某些不良影响，如带着攀比的心理去挣钱，这样会使人失去幸福感。

冒险精神：创业路上需要的原动力

不管是什么类型的创业，都需要原动力，这种原动力就是冒险精神。创业的路上，如果创业者不敢去尝试，没有一颗勇敢的心（冒险精神），往往会失去很多重要的机会。分析一项业务的前景，总是存在着好的一面，也必然会潜藏众多风险，创业者必须在风险意识中敏锐地把握好的方面。对于创业者，创业的最大风险就是不冒险。但创业者的冒险精神在实践中应逐步升华，转化为科学的冒险精神，不仅不惧风险，还要了解与分析风险，创造性地处置风险。这样的冒险精神是成功企业家的标志。

在艰苦的创业道路上，充满艰辛和变化，有许多确定性因素，如注册公司、制定公司章程、努力工作等；也有不确定性因素，如创业方向的决策、人才引进的决策、拓展业务方法的决策等。确定性因素的处理，往往是付出了努力就会得到相应回报。但不确定性因素的处理，往往是付出了精力、时间、资金，却不一定会得到相应回报，有时还会有损失，这样的不确定性因素就是风险。研究表明，大多数人对风险一般采取保守或回避的态度。市场经济的一个鲜明特征就是激烈的竞争，伴随着各种风险。当创业者一味地采取保守态度处理风险时，就会经常失去机会。如果连机会都没有，就无从谈起创业的成功。对于那些敢于冒险的创业者，虽可能多次失败，但随着经验的积累，会逐步加大成功的概率，当然也承担了相应的损失与代价，走在这条创业路上就必须承担风险。还有一种情况，有些创业者在经营的漫长岁月中，经历了创业的艰难，却因前期成功而滋生出求安稳的思想，从敢于打拼变得瞻前顾后。如不能克服这种意识，就无法成为真正的企业家，再大的成功也是偶然的，企业也不会有更大的发展，最终会被市场和时代淘汰。真正的企业家在新事物面前，敢为天下先，冒险精神给了他们良好的心态和广阔的空间。

根据一个人对待风险的态度，可将人分为三类：激进型、中间型、保守型。大多数人属于保守型。一名成功的创业者和企业家，多是敢冒险、善创新的企业领袖，对于风险或多或少具有激进素质，同时融合其他优良品质。企业家的冒险精神也有不同类型：一是出于天性的本性冒险型。这类企业家在日常生活和工作中均会表现出冒险的性格，他们认为，有冒险才有机会和可追逐的价值，冒险是一种乐趣；二是后天培养起来的认知冒险型。这是从白手起家的艰苦创业到开拓创新的企业经营，经历许多失败和成功，终于认识到不敢冒险才是最大的风险。这样的创业者和企业家对风险有着深刻的理性认识，在经营中往往表现出稳健的风格。当然，企业家的冒险精神也会出现波动，一般在逆境中会强一些，在顺境中会弱一些。

创业者应该培养科学的冒险精神，从而能对风险进行有效的管理。科学冒险精神是在对事物深刻认识的基础上，分析和研究风险，科学地处置风险，大胆决策、有效执行时所表现出的品质与态度。这是感性认识和理性认识相结合的结果，有着在实践中不断螺旋提高的过程。科学的冒险精神，需要对风险进行科学的管理，以此指导经营行为，包括以下四个方面：

一是不惧怕风险。因为风险是客观存在的，从一定角度上讲，每件事情都有风险。如果惧怕风险，必会前怕狼、后怕虎，限制决策思维和方法，可选择的经营道路大量减少，路越走越窄，最终无路可走，退出市场。但科学的冒险精神绝非盲目冒险，无谓的冒险是没有意义的，没有考量和分析的冒险是缺乏理智的，没有承担风险后果的充足准备是不切实际的。科学冒险精神的冒险是创业者经营中必须的、值得的冒险。

二是认识和了解风险。一项经营活动，风险主要来自哪些方面？包括哪些内容？一旦发生，危害程度如何？这都需要企业家认真研究。最大的风险还是没有意识到风险，事到临头没有任何心理准备，必然措手不及、惊慌失措。

三是衡量与分析风险。衡量风险是要更深层次地认识风险，主要确定风险的程度以及概率。风险程度是风险造成的损失大小，这是从风险可能给决策人带来的最大损失的角度来衡量风险。创业者必须清醒地认识这个问题，既不可讳疾忌医，也不能心存侥幸。风险概率是指发生风险的可能性高低，对其做出判断，可以通过人为理论和经验推断，也可以通过历史客观数据分析。在此基础上，进行风险分析。风险分析关键在于主观与客观分析的良好结合。客观分析强调系统性、定量化，往往需要采用一定的数学模型；主观分析强调经验作用、主观能动性，往往表现为强烈的感性认识。

四是处置风险。科学的冒险精神就是要合理地处置风险，主要方法有三种：第一种方法是回避。经分析研究后，断定风险太大难以接受，做出放弃的决定，从而完全避开风险。这种防范风险的方法是对付风险损失最彻底的一种策略，但在有效防止损失的同时，也失去了获利的可能；第二种方法是转移。当风险来临时，采用一定策略措施将某些风险因素转移出去，同时付出一定的代价。如通过买保险把自然灾害、意外事故等可能造成的各种风险转移给保险公司。应当清楚地认识到，风险转移不能彻底防范风险，但能降低风险，如一味地将风险转移，实际将成为风险承担者的价值提供者；第三种方法是控制。通过采取一定措施和方法减少风险发生的概率，并降低因风险发生可能造成的损失，从而处理决策人不愿或不能回避与转移的风险。

风险控制的掌握和运用，对于创业者来讲至关重要，这也是科学的冒险精神有别于盲目冒险的地方。风险控制的主要措施有三种：第一种是决策控制。就是通过决策方法选定风险较小或风险可接受的项目。不过，通常风险与收益具有正相关关系，选择风险较小的项目意味着失去获得更高收益的机会；第二种是市场导向控制。既然企业的经营活动就是要赢得市场，那就始终以市场及其变化作为企业的指引来降低风险；第三种是投资组合控制。就是运用多类型项目的组合投资，改善风险特性。这也就是常言所说的"不要把所有的鸡蛋放在一个篮子里"。当然，从单纯的理论中找不出最佳的风险处置方法，因为只有最适合自己的方法才是最佳方法。创业者必须在实践过程中冒风险，理论结合实际创造性地发挥，来开拓一条属于自己的道路，这正是企业家的可贵之处。创业者的冒险精神是其创业和经营过程中不可缺少的品质，堪称创业路上的原动力。冒险精神使他们能够抓住稍纵即逝的机遇，不断地创造辉煌，也不断地在管理和技术上进行创新。

契约精神：自由、平等、守信的精神内核

契约精神指的是从商品经济社会中派生的契约关系与内在的原则，以自由、平等、守信作为精神内核。对于一个创业公司来说，契约精神是十分重要的。这种精神可以让几个创业者迅速形成团队，拥有强大的执行力。任何公司都有不完善的地方，如有契约精神，那么大家在工作中就会携手合作、扬长避短、填补缺漏。

中国的创业者有时会发现，在创业的路上契约精神似乎很缺少。受传统文化的影响，中国的企业往往也缺乏契约精神。一般认为，中国人缺乏契约精神，其主要原因在于：首先，中国人历来讲究信义，在解决问题时判断的依据不是法律，而是一种类似道德上的潜规则；其次，在工作当中，领导者的意愿往往更多占主导作用，领导者的意愿比法律有效得多。缺乏契约精神的企业领导会个性鲜明地将自己的风格展现在工作和日常活动中，"企业文化就是老总文化"。但对创业者而言，最好的办法是趁早在企业中建立起契约精神。尽早补足短板，以后就会成为企业的优势。实际上，企业中的优秀企业家精神很难传承。缺乏契约精神的中层干部往往变成"好好先生"，为追求较高的评价而放弃原则，企业制度、个人职责、原则立场都会被牺牲或用于交换利益。至于基层员

工有没有契约精神，要看企业有没有容纳契约精神的环境。调查表明，90%以上的首先破坏规则者是企业各级管理者而不是一般员工，管理者违反规则的人均次数是普通员工的数倍。创业者要以身作则，在企业中建立契约精神。在这种环境下，要求员工遵守契约精神就不再是天方夜谭。

自由、平等、守信是企业精神的内核，由此延伸出契约精神三大原则：权力、利益、责任。企业需要的就是这样的契约精神。在企业环境中，更多地体现为责任、权力、利益的统一，在此基础上形成企业与不同身份成员之间及成员之间的契约关系。对于企业的契约精神而言，一个最重要的宗旨是公平性，如果失去公平性，即使看上去是一种契约的形式，也不具备精神的实质与内涵。在企业中，三个层面的责、权、利是上一级对下一级配置，上级处于主动地位，下级处于被动从属地位。上级的主动权会造成越往上权和利相对于责越大，越往下权和利相对于责越小。这种责、权、利配置关系的扭曲，事实上是公平性的丧失，如果在普通员工中这种认知广泛存在，就将形成企业中执行力不强的根源，且难以解决。

在克服短板建立契约精神时，创业者必须认识到：企业的管理者和骨干多承担一些责任，放弃一些利益，就会减轻员工的一些压力，保证其利益。有时候，以对企业中上层管理者的稍稍的不公来保证员工对公平的心理认同，可以在很大程度上改变普通员工的认知，达到良好的效果。企业要成长，必须构建公平的契约关系，培养适应现代企业管理的契约精神，这是创业者的治本之道。一个企业是否具有合格的契约精神，也会影响到领导层之间的关系，以及本企业与其他企业联合关系的质量。缺少契约精神所带来的破坏作用，在这一层面上表现出更大的显著性。娃哈哈与达能纠纷、支付宝股权问题、雷士照明"逼宫"事件，都被看作是契约精神缺失的后果。

锲而不舍：要想成功，贵在坚持

创业不仅是一件很苦逼的事情，同时也是一件需要勇气的事情。世界上有两种人：95%的人每日循规蹈矩过着上班族的生活，5%的人则是创造未来。为什么说需要勇气？在创业初期，我们不得不顶着极大压力，甚至是亲朋好友的反对。会遭到一堆质疑，但是确实也是现实问题。如看病问题以及创业初期收入切断房贷便会很紧张，或者创业也不一定成功，等等。诸多问题让我们犹豫不决，这时候你需要的是勇气。的确，当一个创业者开始创业的时候，面临的往往不是赞叹，反而更可能是亲朋好友的质疑，这会使人犹豫不定，又担心起父母认可、爱人期待等诸多问题，甚至怀疑自己缺少创业基因，或许根本就不适合创业，即使硬着心走下去，之后遇到的问题也很可能是令人崩溃的。可见，创业者要想成功，只能坚持到底，从一开始就锲而不舍，从骨子里就不惧怕风险，自信且有主见，相信自己一定会成功。两种不同的态度，将带来最终完全不同的结果。

当然，一个创业者是否能够成功，还与所在的环境息息相关，要看经常与什么样的人在一起，因为人与人之间是相互感染的。如果每天和成功人士在一起，每天都会想要成功；如果每天和碌碌无为的人在一起，每天想得最多的是安逸；如果每天身边的人都在抱怨创业的艰难，慢慢自己也会知难而退，有一千个理由来解释；如果每天和创业路上的人在一起，想得最多的必然就是创业的乐趣。其实创业的人很苦，人们只能看到他表面的光鲜，而不知他内心的辛酸，要想获得成功就要付出比常人多几十倍或者百倍的努力。创业者要不断地调整自己，提高自己的素质，每天都与积极面对人生的人在一起。当自己很无助的时候，朋友就会勉励自己。

创业就像是挖井。挖了几天，精疲力尽，没有了体力和勇气。如果选择放弃，最终将一无所获，前期的付出也付诸东流。如果再坚持一点时间，井水就会冒出来，得到需要的结果。"宝剑锋从磨砺出，梅花香自苦寒来。"对于一个创业者来说，最大的财富就是勇气和决心，对的事情就要坚持，态度决定成败。吴敬琏老先生经常说："我浑身都是病，就是有一颗火热的心。"一位七十多岁的老人都能如此积极面对人生，带给创业者许多的反思。创业还没有成功，不要着急，也没有别的解释，一个正确的解释就是自己的努力还不够。

创业将改变命运、照亮人生。创业路上竞争虽然残酷，但只要客观地去面对，本身就是一种享受。有的时候无论过程多么漫长，无论每一步风险多大，只要坚持了，就会得到最想要的结果，最终梦想成真。王石有一个说法非常精辟："创业就是找不舒服，就是在不舒服中习惯，把不舒服当舒服。一个好的创业者就是会享受痛苦。痛苦是男人的营养，男人最后的品质坚定、执着、宽容、睿智、幽默、自信、大度等，都是用苦来养的。大度来自'古今天下事，尽付笑谈中'。我们发现小孩子容易紧张、弱者容易紧张、妇女容易紧张、年轻人容易紧张，为什么？对于未来世界的不确定性。老年人淡定，经历多的人淡定，预知了结果，当然就淡定了。因此，创业者需要一个志向，指引着自己前行。"

有一位创业者遇到困难很想改变行业，认为当时 IT 行业不景气，利润小、透明度高，很多朋友已转向别的行业。经过仔细思考和反省，他看到什么行业都有赢家、也有败者。行业没有错，失败的是自己做事的方法和态度。马云的阿里巴巴、李彦宏的百度、周鸿祎的奇虎360、郭为的神州数码，那么多 IT 企业成为互联网弄潮儿，慢慢地 IT 行业还会成为人们争先恐后进入的行业，重新成为最受关注的行业。因为这是一个富有激情的行业，充满机遇和挑战，度过了难熬的冬天，春天的阳光会给人耳目一新的感觉。最终他坚持下来了，没有放弃。当然，从这个例子看到的是坚持的精神，并不是说创业者不能在行业之间做战略转移。

恪守诚信：恪守诚信原则，建立信任合作关系

在创业中，诚信与信任的重要性显而易见。这是因为诚信与信任是日常生活中人与人彼此交往必不可少的一部分。没有诚信的创业者，虽然能够获得某一次成功，但在暴露出缺少诚信之后，人们将不会再与之合作，创业成功的希望变得渺茫。缺乏对别人信任的人，也不会收获别人的拥护和爱戴。

没有诚信的创业团队将成为孤立的海中小岛，不会收获外在的认同和支持，无法融入创业生态圈。诚信是一个道德范畴，又是日常行为的诚实和正式交流的信用的合称，即待人处事真诚、老实、讲信誉，言必信、行必果、一言九鼎、一诺千金。试想与一个没有诚信的团队合作，谁能安心地行动。一时的做作、假面的诚信，定会被发现或揭露，从而受到唾弃。对于一个创业的团队、白手起家的年轻人，诚信是重中之重。创业团队唯有用自己的激情、创意、干劲，与他人诚信地交往，通过诚信行为获得别人赞赏，从而获得他人支持，到达成功的彼岸。孔子说："人而无信，不知其可也。"（《论语·为政》）可见，创业者若不讲信用，在市场中就无立

足之地，什么事情也做不成。

没有诚信，就没有团队中的互信，这样的创业团队将成为一盘散沙，肯定不会获得长远的成功。由于团队成员之间没有建立起深厚的信任感，许多团队在开始的时候激情洋溢、彼此合作，然而取得了一些成绩后，就出现了勾心斗角，导致事业做不大。很多创业团队在最初阶段，由于团队成员对彼此的行为风格和能力水平不是很熟悉，所以信任和不信任的程度都很低，随着合作的进行，彼此之间了解增加，彼此间的信任和默契就会增强。然而，在彼此信任增强的过程中，如不是以诚信为本，那么很容易引发信任危机，从而导致分崩离析，团队解体。对于这个难题，唯有将其完全解决，才能发挥出团队中每个人的力量。简单来说，一是要增强信任，二是要防止出现不信任，避免信任转变为不信任。信任是一种非常脆弱的心理状态，一旦产生裂痕就很难缝合，要消除不信任及其带来的影响往往要付出巨大的代价，所以防止不信任比增强信任更加重要。

防止不信任和增强信任，都需创业者做出努力，从自身做起，恪守诚信原则，建立起信任合作关系。创新创业是一条艰苦而长远的道路，在这个道路上充满着艰难困苦，一个团队只有彼此信任、恪守诚信、互相扶持，才可能焕发出团队的合力，又从产业链中的合作者得到力量。这样，才能走得更远，直到成功，最终获得更大的成功。

勤于学习：创业"新常态"需要学习型创业者

实现中国经济的增长有两类原因：一类是信息技术的使用，互联网产业更是经济转型的前沿产业；第二类就是开发新的技术，即创新。不要只想着从先进的国家学习技术，必须让创新成为新常态。经济发展进入这种常态或新阶段之后，就表现出创业和创新的新常态。尤其要求创新，也促进了创业，也使创业有了新常态。创业新常态的核心是创新，不仅要求技术创新，还要求管理创新，甚至要求金融创新。这就表明，创业新常态需要的是学习型创业者，只有学习型创业者才能推动企业创新。

发达国家的人，人均资本量很高，没有剩余劳动力，只能靠创新来驱动经济增长。发展中国家的人，主要靠资源驱动，基本不需要创新，他们的技术相比于发达国家较远，可以通过模仿来发展经济。中国目前处在中等收入水平国家，与发达国家相比，资源驱动仍有空间，但与发展中国家相比，需要更多的创新来增长经济。目前中国提高研发投入为科技创新实现领跑创造了有利条件。如"墨子"号即是科技创新的成果，当然这不过是中国航天科技突破中的沧海一粟而已，截至"十二五"，中国已经拥有100多颗在轨卫星，将国名书写在广袤的太空。中国新常态下的创业热潮高涨，中国的创新创业与全球正在直接、快速地融合。越来越多的中国公司把研发的初级阶段放在国外先进的地区，然后形成一种新的创新创业模式，如在硅谷做最初的研发，之后回到中国再进一步的开发发展。

创业新常态需要学习型创业者，从实践和理论两方面要学习的东西很多，如技术知识、管理知识、金融知识、经济知识、法律知识，等等。

不同的创业者或创业类型会从环境、战略、财务等方面影响企业。

一个机会型创业者创造的企业环境是稳定的，会倾向于保护现有资源，复制已有模式。从领导角度来说，他的方式是自上而下的，以避免挑战。他所带领的团队是一个金字塔的结构，遵循瀑布式的研发方式。在企业组织上，对员工进行 KPI 考核（关键绩效指标考核法）。在运营中，他重执行，避免错误，营销模式偏向产品销售。而且，他大量地投资，以规模取胜。在财务上，他会扩大规模从而降低公司的边际成本。

学习型创造者所创造的企业环境是不太确定的，他会倾向于重组企业资源，运用创新的模式。从领导角度来说，他的方式是自下而上的，主动聆听员工的意见。他所带领的团队形成一个网络结构，遵循着迭代式的研发方式。在企业组织上，重目标和对关键成果的考核（OKR）。在运营中，他重视探索，鼓励从错误中学习，营销模式偏向用户探索型。他会对于关键的节点进行里程碑式的投资。在财务上，他重视灵活性，以降低公司的全部成本。现今创业新常态需要的是学习型创业者。

就创业者自身而言，需要学习的与创业密切相关的具体知识还有股权知识、组织架构、战略规划、财会知识、税收知识、营销知识、物流知识、诚实守信、情商管理、电脑与网络知识、行政管理、人力资源、专心专注、时间观念、社交礼仪等。可见，即使是机会型创业者也需要把自己变成一个学习型的人，无时无刻不在吸收知识。当然，不一定局限于书本知识，世界本身就是一本大书，从他人那里也能学习到很多有用的知识。

第七章
创业是一场自我革命

思维革命：打破定式不走寻常路

走在创业路上的创业者，迟早要在自己的头脑里发动一场思维革命，那就是打破定式不走寻常路。否则，离创业成功总会有一段难以克服的困难。

创业如同刚开始的故事一样，不到最后就不知道结果。没有人能够预测到一名创业者在创业之后所收获的将会是什么，或是赚得盆满钵满的成功喜悦？或是一次次碰壁打击后的一蹶不振？还是愈挫愈勇中的成熟干练？人生总要有所选择，有的人情愿停在过去，有的人却愿意博个未来。站在人生的十字路口，有许多创业者都喜欢说这样一句："人生能有几回搏？年轻更需要拼搏。"对于拼搏的结果，大多数创业者其实已有心理准备，必然一侧是通向成功的天堂，一侧则是坠落到失败的深渊。但无论如何，要朝一条更有可能通向成功之路的方向拼搏。这就要求打破常规思维，走寻常路无法成功。那么，什么是打破常规思维呢？先看看这样一个例子：

在20世纪80年代，德国经历了数次通货膨胀之后，一位叫沃尔夫冈的烟草商发现，原来市场上卖4.2马克一盒的万宝路香烟已经无利可图。这种香烟在德国的销量一直稳居第一，现在竟然出现零利润，该怎么扭转这一态势呢？沃尔夫冈想到提高烟草的零售价，但各类生活品涨价，使顾客对这一做法一时难以接受。因此，他绞尽脑汁，反复思考各种策略，希望能想出一个解决的办法。有一天，他来到超市，在厨房用品的货架旁，沃尔夫冈看到两个主妇在购买茶具，听见她们对货架上的两种茶具进行了讨论：

"您觉得哪套茶具会更好一些呢？"

"两套的质量看起来一样，但我觉得这套更好一些，它是5只装的。"

"那一套6只装的不是更好一些吗？它还多出了一只。"

"多出一只，但价格也相对高出一些。反正5只也够用，为什么不买经济又实用的？"

最后，两名主妇同时选购了5只装的茶具。待她们走后，沃尔夫冈看了一下货架才发现，其实两种茶具里面的茶杯单价一样。这给他提了个醒：在价格和数量这两个问题上，消费者似乎更愿意买数量少但价格低的商品。如果在价格不变的情况下，直接减少万宝路的包装数量，消费者是不是也更容易接受呢？沃尔夫冈觉得至少应该试一试。他联系了烟草生产厂家，请他们把万宝路的包装数量由原来的20支装改成19支装。此外，沃尔夫冈还特别嘱咐厂家在香烟的外包装上注明这样一些字：吸烟有害健康，本包装采用独特的19支装，为您减去1支负担。果然，19支装的万宝路上市之后，不但没有引起消费者的不满，许多烟民还说改得不错，因为这使他们在无形当中少抽了许多烟。对于沃尔夫冈来说，每包减少一支烟之后，他的利润又恢复到原样。

烟草商们见19支装的万宝路如此受欢迎，急忙仿效。在仅仅几个月的时间，德国市场上出现的万宝路全都变成独一无二的19支装，这些烟草商终于保住了万宝路的市场。沃尔夫冈的销售方式背后，有着反常规的东西，这就是一种当时一般人怎么也想不到的不寻常思维，或称反常思维。

创业就是不走寻常路。如果你是一个安于现状，不肯独树一帜、立志闯出另一番天地的人，那么对不起，创业可能不适合你，创业只适合那些有野心、有欲望、有追求、特立独行的人，而不是被生活磨平了棱角的人，这种人在困境中会产生出不寻常的思维方式。还有一个例子，女孩子都喜欢做梦，追求美好的爱情，但真正不寻常地把爱情当作赚钱手段的是琼瑶。一般人谈爱情都在常轨上谈婚论嫁、结婚生子过日子，而非常之人则另辟蹊径，挖掘出事物后面所蕴含的巨大商机，琼瑶可以说就是这样一个非常之人。可以说，她把爱情结合到了创业上，因此琼瑶也是企业家，与所有企业家一样，她做了不同寻常的事情。一定要牢记，创业的思维在某些时候必须要脱离常轨，还要牢记，如果只是沿着正常的轨道周而复始地做循环运动，那么创业将永无成功的可能性。人生只有两大类：一类是过日子讨生活，日子要熬着过。还有一类人生就是挑战命运、改变生活、改变未来，这部分人比较少，他们在人生的一些关键时候，不按常规来，创造出生活的新形式。在创业的过程中，难免有失败和挫折，如果不因此而畏缩不前，继续前行，那么，离成功将会越来越近，所有的成功都是给永无畏惧的人以及对失败处之泰然的人准备的，而不是给那些老想着成功、不能忍受失败的人准备的。这里面就有一种不寻常的思维，创业的成功，也并不是像人们通常想象的那么简单。

在创业的路上，很多人满脑子的周密计划。但有时按照既定的思路脚踏实地向前走，得到的结果却是一败涂地。相反，有些创业者突破常规思维的樊篱，有意识地运用与传统思维和习惯背道而驰的逆向思维方法，往往能够"曲径通幽"，取得意想不到的效果。有一位创业专家，在分享创业经验时，提出用三大逆向思维打破常规。

一是先站稳再前进。的确，市场竞争激烈，社会瞬息万变，创业者是背负着压力前行的。不过，有时按兵不动才是上策，切不能仓促行动，陷入混乱之中，最后只能草草收场。经过一段时间的重新调整，对策略及方向思考得更清楚，何尝不是一个更好的方式？有时候，策略和方案还需要逐步修正，然后行动，继而又在行动中做修正。

二是创业也可以分工。这就是说，创业者要充分利用外包资源，网页设计、订单处理、电话接听、公关协助等，都可以外包。当然，外包要付出成本，必须考虑到自己有没有充分的时间和足够的能力完成那么多紧急的事情。这是一个分工的时代，创业者一定要腾出充足时间来思考策略、计划，规划下一步的行动。这些重要的事其实远远大于紧急的事。

三是缺陷也有商机。商机无处不在，无时不有。即使在日常生活中，一些平凡小事、平常现象都可能有点石成金的效果。在经营中也一样，产品的小毛病，可以来个缺点逆用，背后往往蕴藏着商机。有一年，天津毛纺厂生产的一种呢料，因原料成分的不同，着色不一，常出现白点，销路始终难以打开。后来，设计人员来了个缺点逆用，一反常态，变消灭白点为扩大白点，制作出了一种雪花呢产品，投放市场后掀起一股销售旋风。近年来，江苏淮安一家镇办胶鞋厂，重新生产已停了几年、市场冷僻的解放鞋。因为全国各地修建冬春水利工程的工人对解放鞋的需求量很大，以至于订货者纷至沓来，使已经好些年不景气的企业又焕发了勃勃生机。由此可见，企业能否在市场竞争中生机勃发，关键在于产品是否能满足顾客的消费需求。只要善于思考，敢于跳出常规去看问题，总能找到或制造出商机。

知识革命：超越认知走出舒服圈

每一个人的生活与交际圈都有一个范围，因与这个范围中的每一个人都比较熟悉，生活在其中时就会觉得放松、舒服、惬意，似乎毫无约束和紧张，这样的生活和交际圈就叫作舒服圈。如果一个人只满足于舒服圈这个小范围，那就永远只是与小圈子里的人交往，无法认识更多、更有影响力的人。当然，自己的舒服圈有时候是个魔咒，不突破的话，就无法做出更大的事情。突破的话，有时候会碰得头破血流，得不偿失。这就看创业者有没有决心了，这是创业成功的决心。如果一个人没有将创业当作自己的终身事业，那么，的确不必费太多心力。否则，只有走出现有的舒服圈，与不是很相熟的人交往，才会建立起一个范围更大的圈子，具有更广阔的视野。当创业者不停地走出舒服圈、扩大自己的圈子时，就不停地聚集了人脉，锻炼了自己，并结交更多的朋友，形成创业生态圈。

因此，创业者还需要有一个知识或认知的革命。虽然每一个创业者都在行动上走出了自己的舒服圈，但在认知上可能还有一定的距离，并没有完全走出认知的舒服圈。在一定的时间阶段中，创业者还需要进行知识的学习，超越原有的认知局限，真正走出舒服圈。创业投资家一般都比较看重创业者超越之后的认知能力，原因就在于此。

超越的认知能力并不单单体现在大战略决策、产品、人事、股东关系、招聘人的能力等方面，还体现在影响一个人基本行为的认知能力。带领一个团队的创业者认知水平比较低的话，说明尚处在舒服圈内，就很可能会引起投资人的警惕。对于这些投资人而言，如果项目尚处在早期，一般就很可能选择直接放弃。投资人愿意投资比自己更优秀的人，这涉及投资的回报。所以，投资人会和创业者互动和沟通，希望在沟通的过程中产生感觉，即感觉到创业者的思维深度或认知水平，以及处理事情的能力。投资人一般都会认识到提高自己的认知能力很重要，并要求自己提高认知能力，以免因自己的认知能力低，导致"武大郎开店"，见到每个创业者都觉得比自己水平高，将资金投向不合适的人。

这样一种情况也迫使创业者必须走出舒服圈，以实践和理论的知识革命提高自己的认知能力。创业者要提高自己的认知能力，只能更多地从与创业相关的因素着手，多考虑项目的发展前景及现实的市场环境。结交更多有认知深度的朋友，多深入学习行业的管理、技术、经验，多看相关书籍。在此基础上，还应该进一步提升自己的思维方式和经营哲学、人生哲学。当然，相对而言，这是比较难以总结和掌握的。经过这样一个学习和提高的过程，创业者就走出了舒服圈，建立了更大的圈子——一个很好的创业生态圈。由此，也就完成了知识或认知的革命。

技术革命：主动拥抱未来新技术

技术革命给创业者带来了很多机会，创业者对此要有清晰的认识，还要认清现在各领域的技术革命所处阶段，以决定自己创业的领域。简而言之，技术革命一般要经历两个主要阶段：安装阶段和部署阶段。每一次的革命均发端于金融泡沫，从而（不合理地）推动了新技术的快速"安装"。然后泡沫破裂，紧接着是恢复期。之后，随着新技术更广泛地部署到其他行业及社会，进入很长一段时间的生产力增长期。最终这轮革命走完历程，新的技术革命又开始了。安装阶段是打基础，部署阶段则是在基数之上做各类实际应用。

在安装阶段向部署阶段转化的过程中，必然会涌现出大量的创业活动，如在汽车革命的安装阶段，其中的活动是造车。而在当今的部署阶段，活动则转移到应用层面，如高速公路体系、运输、城镇化、大卖场等。在信息技术领域情形也相似，安装阶段建设的是信息网络核心技术设施，如芯片、网关、TCP/IP 协议等。到了部署阶段，则是搜索（Google）、社交（Facebook）、电商（Amazon）等。中国现在正处在大尺度上的早期部署阶段，涌现出许许多多的创业机会。小尺度上，各个细分领域所处的发展阶段并不一样，像新硬件和医疗都还处于早期安装阶段，而 O2O 领域经过几年积累之后，已经到了部署阶段。

技术革命的安装阶段还表现为第四次工业革命，特征就是层出不穷的应用及应用带来的创业创新机会。第四次工业革命将触及社会生活的方方面面，包括工业智能化、绿色能源、人工智能、物联网、无人驾驶、大数据、智慧城市等。第四次工业革命不仅改变了人们正在干的事情和人们的交流方式，更将改变整个社会和社会成员的身份，各行各业都参与其中。比如，在农业机械领域，从办公室内已经可以全面掌握玉米收割机工作状态，实现了网络远程管理，而这种自动化的投入还在加大。在最近十多年间，中国已跃升为世界第二大经济体、第一大货物贸易国和130多个国家与地区的最大贸易伙伴。目前，中国的创业创新环境已与硅谷齐名，吸引了国际性的关注。Uber 这几年在中国的业务就拓展迅猛，他们看到中国目前正站在"创业经济"的最前端。因此，创业者要在自己的创业领域中主动地拥抱未来新技术，这既关系到创业的成功，也关系到企业的长远发展。

在技术革命的大背景下，现在是创业创新的大好时机，但创业者对于新技术和新的市场需求必须有特别的敏感度。马云曾生动地谈到现今创业机会之多、技术创新与市场需求之间的奇妙关系，他说：

"没有比这个时代更好的时候，因为我们从来没遇上现在这样的机会。每一代人有每一代的职责，有每一代的机遇，This is our time。第一次和第二次工业革命分别释放了人的体能和能源，而我们在经历的这一次技术革命，是在释放人的大脑，在从 IT 时代向 DT 时代发展。很多年轻人不愿意接受现实，那你可以做出更佳的创新。

在未来 30 年，整个变革会远远超过大家的想象。有人说超市不好卖，都是因为淘宝。但你没明白，没有淘宝也会不好卖——因为消费者需求愈来愈个性化，而这，就是社会的发展，不以人的意志为转移。

创新是无穷无尽的，人人都看好的不叫机会。有一个大学生在淘宝上卖夏天蚊子的标本，还卖得很好。他说在夏天复习功课的时候蚊子咬他，他就用蚊子给女孩子做成耳环,结果有人要两只一模一样的蚊子,他就很苦恼。前几年在阿里巴巴上卖得很好的美国黑人经常使用的假发,有人买了一顶,下水去游泳,结果假发的胶水融化了,他不满意就跟我们提意见,于是几个礼拜后,世界上就诞生了第一款可以戴着下水游泳的假发。"

管理革命:重塑组织创新管理方法

甚至可以这样说,创新是新创企业的生命,创业因创新而生,因创新而兴旺。一位创业者的当务之急,就是建立或重塑对于企业创新组织的管理方法,这样建立的企业就是一种创新型组织。一般企业的首要目标是使已存在或正在建立中的事物最优化,而创新型组织的基本战略要点是创造新的和不同的事物,关注的焦点集中在目前产品线、服务、市场及销售渠道、技术和生产程序能否继续下去。创新战略的基础是有计划、有系统地淘汰陈旧和正在死亡的事物,使现有资源发挥其效益和优势。

创业者的创新战略的要点是树立高目标。改进现有工作,如增加一种新产品、扩大市场份额等,项目成功率可设为50%。实际上,创新型工作应假设大部分难以取得成功,90%的想法毫无意义。因为创新战略的目标必须是创建一项新事业,而不是在已有产品线中增加一种新产品;创造出一种新的取得成就的能力,而不是改进现有能力;创造出有关价值的新概念,而不是使现有价值得到一些改进。

伯纳德·巴鲁克曾经作为新兴事业的投资者积聚了大量财富。他投资的预估原则是80%的项目失败,但只要有20%是成功的,那么他的收获就会大于对已有企业进行投资的最精明的投资者。创业者可参照这一思想管理企业的创新，使企业一直保持创新的活力。当然，一项创新工作不可能是按直线发展的。一旦经过充满挫折的等待期，成功的创新项目就会迅速成长起来，甚至在短短几年内形成产品线和市场，成长为一个重要的工业。

衡量和预算管理是创业者重塑创新管理的关键。创新战略要求企业有自己独特的衡量方法、预算和预算控制手段。可从最终机会、失败风险、所需努力和费用等角度建立独立的衡量系统。对于创新项目，首先需要解决的问题是"这是恰当的机会吗？"如果答案肯定，那就应该弄清"在这一阶段，最大限度投入多少优秀人员和关键资源来进行生产性工作"。20世纪60年代后期，一些制药厂以很高的科学独创性来生产多种广谱抗生素，但在当时，合成一种比市场上已有抗生素要好得多的新抗生素，失败的风险很大，因为医师已熟悉已有产品。即使是一种科学上的突破，也很可能只是生产出一种差不多的产品。因此，在这个已被彻底研究的领域进行这种创新，就会使费用和付出的努力成倍增加。

对创新的成功最有害的，莫过于树立一个每年利润增长5%的目标。因前3~5年，甚至更长时间，利润根本没有增长，但在以后5~10年期间，利润增长率可能接近每年40%。在20世纪20年代，杜邦公司要求各事业中心以投资回报率为重心，却不包括创新工作。处在创新阶段的事业中心、产品线或生产程序，其创新投资不包含在必须提供增益的资本基数内，其费用也不包含在该单位的预算之内。等到新产品线投入市场两年或两年以上，才归并到该创新事业部的预算中进行衡量和控制。这样就保证了企业的创新活动。

实行创新管理要求创新者有很高的自我控制力，他必须运用特别的预算和会计手段进行经营，把工作进展和投资的当前成果反映出来。创业者在创新过程中经常存在着误区，没有任何成果，却不断地投入人员和资金。杜邦公司在尼龙的发明应用上的研究花了10年，但基本上只是支付科学家卡罗瑟斯及几名助手的费用。在这一过程中，卡罗瑟斯一开始就系统地画出了一张进程图，以后每隔2~3年就加以修改。

重塑后的创新管理，应包括对失败风险的管理。一项创新的战略必须明确地建立在接受失败风险的基础之上。而更为危险的是近于成功的风险，这涉及在适当时候决定放弃一项创新，其重要性与知道应开始哪项创新一样，甚至更为重要。成功的实验室主任知道，应该在何时放弃一项未能获得预期成果的研究项目，而实际上，研究人员很容易受"科学挑战""明年会有突破"等想法的迷惑而不能适时取舍，这时候创新工作的结果是"近于成功"，而不是成功，这种情形可能比失败还危险。比如，原来期望创新产品或生产程序会使行业"革命化"，却只不过是让现有产品线做了一些小改动；有些"激动人心"的创新项目，在酝酿期间就被其他更具有创新性的项目超过；以为"人人都买"的创新产品，结果只是有些顾客愿意买，还不愿出大价钱。

因此，创业者在对创新进行管理时，应特别仔细地考虑，确定自己的期望。然后，在进展过程中将自己的期望与实际情况相比较，如果实际情况大大低于期望，就不要再投入更多的人力和金钱，或者提出这样的问题："现在应不应该撤退呢？该如何撤退呢？"70年前就有人问伯纳特·巴鲁克，是不是有些创新项目的投资既不是大的成功，又不是大的失败？他回答说："当然，但我会尽早地把这种项目卖给所能找到的任何一个人。"他还补充说："我在早年把全部的时间都花在这类事业上了。总认为可以变得像原来预期的那样成功，但从来没有成功过。而且，我发现失去了真正的机会，误把金钱投入'健全的投资事业'，而没有投入未来的大好机会。"

文化创新：优化文化基因打造全新企业文化

创业者在建造一个新企业时，还需要特别关注企业的文化层面。在一开始就注入先进的文化基因，或者说优化企业的文化基因，也就是优化创业者自身和创业团队的文化意识。适应当代经济新常态、具有创业和创新活力的文化因素包括以下 10 个方面：

一是优化的资本结构。从企业现实的意义上说，企业文化是企业资本所有者理念的繁衍和放大，资本是企业文化的遗传基因。资本的属性与资本组合的形式和比例，决定企业文化的自然和社会属性，能够集资本所有者、科技所有者、劳动力所有者和管理者之优势，形成新的企业文化。

二是科学的企业机制。企业内部资本、人力、技术、品种、主体设备等各部分的构成数量比和质量等级比，合理、配套、有效地形成紧密的、协调的、有机的、互利的联系。这样的软硬件组合，使企业机体产生效益上的放大功能、运行中的免疫功能、发展中的消化功能、风险中的自救功能和复杂环境中的应变功能，让企业产生和保持旺盛的生机与活力。

三是优质的产品。产品与服务是企业文化的结晶。假冒伪劣和落后的产品不可能提升人们的生活水平和质量，也不可能提高社会文明的档次，更不可能给企业带来好的、持久的经济效益。当然，也无法孕育先进的企业文化。企业产品和服务的开发生产和应用，应引导文明、健康、有益、进取的消费潮流，如此才会有益于社会的进步和发展。

四是先进的生产工艺。优质的劳动成果必然来自先进的生产工艺和服务规程，否则，优质产品与服务是不稳定和不长久的，甚至是不可能的。新企业的建立，特别是非公企业和外资企业，都应采用先进工艺，为提升企业文化档次和整个经济水平打下物质基础。可以说，先进的生产工艺蕴含着优秀的文化。

五是优良的管理体系。其一，有先进的模式。从家长式、家庭式、家族式管理转向现代企业管理体制。其二，有科学的制度。制度具统一性和协调性，各部分互相补充、完善、配套，具量化可行性。在量化制度指标值时，做到先进与合理、突出重点与综合平衡、原则性与灵活性的多重统一。制度执行还应具有严谨性，即企业没有不约束任何人与事的制度，也没有不受制度约束的人和事，同质的人和事没有不同的调控标准。其三，有先进的手段。运用现代化的管理装备确保管理信息的准确、快捷、高效。

六是超前的企业理念。成就观由个人主义向集体主义转变，官本位及钱本位向社会价值的标尺转变。竞争观由你死我活、损人利己，向协作共赢、利己不损人、和睦发展转变。管理观念由居高临下、我说你听、我管你服、与人为敌，向以人为本、双向互动转变。

七是打造优秀的员工素质。员工是企业文化生动的承载者和能动的创造者。员工素质的高低不但直接影响劳动生产率的高低，也从根本上决定了企业产品与服务质量的优劣。企业文化要把生产优质产品、创造优良效益、培育优秀员工有机地结合起来，用高素质的员工打造企业品牌，用高品位的氛围塑造更高素质的员工，使人全面进步，企业不断发展。

八是高尚的领导风范。创业者和企业领导是企业文化的脸谱，企业文化在很大程度上是创业者理念的升华。创业者是全新企业文化的倡导者、缔造者、推行者，不仅个人的理念要领先于他人，更重要的是在企业文化建设中先思考、先实践，做到言传身教。创业者是学高为师、品端为范的企业领袖，以自身的人格和管理魅力、知识潜能带领企业员工共同创造属于企业特有的、全新的企业文化。

九是优良的综合效益。企业是资本增值的摇篮，全新企业文化应力争表现为抢手的产品和丰厚的利润，还有优秀人才、先进技术、良好作风、和谐氛围、绿色环保等，形成综合效益。

十是积极的社会影响。优秀的企业文化不仅提升自身的品位，通过辐射功能，还能动地反作用于滋养企业的社会，积极有效地推动社会物质文明、精神文明、政治文明的发展，甚至引领社会文化进步的方向。

第八章
兵无常势,创业有道

就地取材：选择适合自己的创业项目

创业者有时面对着许多的创业项目，各有长短，如何挑选项目已成为一件使自己迷茫的事。那么，该如何就地取材，选择适合自己的创业项目呢？首先，创业者需要做的是确立一个目标，找一个自己感兴趣的行业，如此才能做得更好。当然，也要有所比较，要先对自己选择的行业做一个初步的调查，了解整个行业的行情，明白市场现在的需求和未来的动向，这样才能做出正确的判断，看看自己的创业想法是否可行，并及时地做出调整和补充。其次，要考察项目的特色和优势，在这个竞争无比激烈的时代，如果项目的优势和特色不够突出，那么做起来就会更困难。最后，真正投身于项目之前，一定要进一步对相应的项目做详细考察，要考察所选项目的多重背景。

当确定了自己想要做哪个类型的项目之后，接下来就是要找寻理想的合作伙伴或一个创业平台或创业生态圈。因为不管有无创业经验，人都需要借助别人的经验，为自己的梦想助力，没有经验更是要借助创业伙伴的力量。每一个成功创业的人，都不是孤军作战，要懂得借助周边的资源，靠团队作战，才能更容易获得成功。所以，即使没有多少经验，也没关系，只要找到一个适合自己的、有实力的创业平台，形成创业生态圈，成功依然会属于勤奋的创业者。更重要的是，一定要了解所选创业平台给予的扶持力度，要完善相互之间的协议。现在，有一些创业平台在做宣传时说得很好，但是真正行动起来，无法给创业者多少实际的扶持。对于创业平台，也要做好考察，要看成功的案例，更要多跟其他创业者沟通，了解更多关于平台的信息及经营状况，学习更多依靠创业生态圈生存和发展的经验。创业伙伴或创业平台的实力越强，他们所提供的扶持就会越全面，自己的创业之路才会走得更顺利。创业并不困难，但选择一个有特色、能够给予全方位助力的创业平台是非常关键的。

在实际的创业过程中，有很多创业者在创业的道路上坚持不下去，很大程度是在选择项目时出现差错。或是选择的创业项目并不适合自己，或是选择的项目对消费者没有太大吸引力，再加上所选项目的行业领域竞争过于激烈，最终没有在创业项目上取得成功。那么，选择创业项目时究竟要具体考虑哪些因素呢？有以下几方面可供参考。

一是看成本利润。创业者选择项目时，要注意分析产品自身的成本与自己所得利润的比值，毛利率连20%都没有的项目要慎重考虑。

二是出现疑问时再次查看市场需求强度。这时应该做细致的市场调查，可以根据消费者的性别、年龄、文化水平、职业的差异对消费者进行细分，从而把这些细分群体看成细分的市场，也就是项目要服务的对象。创业者选择创业项目时，一定要知道自己服务的是哪类群体，他们的需求强度怎样。如不考虑其他因素，需求程度越高，项目就越容易做成功。

三是看产品特色。当面临市场竞争时，创业者首先看重的就是产品特色，了解自己的产品与竞争对手产品的差异，对消费者是否有独特的价值。对消费者越有价值的产品，卖点就会越大，这样的产品将会形成市场，带来项目的成功。对于有些产品，具有怎样的特色、是否适合创业者，往往只有创业者本人才能做出判断。

四是看市场竞争程度。竞争一般分为两种，一种是良性竞争，一种是恶性竞争。如果是恶性竞争，市场往往也存在着某些不规范。一般而言，创业者可以选择其他竞争薄弱的项目来做，不应该把眼光放在竞争十分激烈的项目上，这时应该有耐心，寻找可行的新产品来做。

五是看进场时机。对于一个项目来说，进场时机是非常重要的。当一个项目刚刚开始发展的时候，往往没有人重视或被人忽视，竞争非常弱，当项目慢慢成熟之后，此时进场就意味着失去先机。先进场者则拥有强大的竞争优势，市场地位也更加稳固。无论是什么产品或服务，在市场成熟以后就不要再去触碰了，即使有利也很薄弱。因此，考虑和选择一些刚刚启动的产业和项目，比较容易成功。

六是看资源条件。创业者在分析项目时，要充分考虑自己所掌握的资源究竟有多少。手上的资源能满足创业的需求时，可以做这个项目，在资源不足的情况下，就应该避免选择此项目创业。

总而言之，创业者选择项目既要根据外部环境及市场条件做出分析，也要清楚了解自身的资源情况，从自身实际出发考虑问题，选择创业项目只有把自己现实的情况和外部环境条件结合起来，综合上述选择要点，才能做出正确的抉择。

产业集群：产业联盟，打造优势竞争力

开始时创业者一般势单力薄，因此一定不能单打独斗，必须寻求某种形式或多种形式的策略联盟，积极打造创业生态圈。这是创业的基本战略，尤其是小型创业企业，更需要参与产业联盟之中，在自有产品之外，还可附带推销其他相关产品。用产业联盟的方式结合相关产业，不仅

可以提高产品的吸引力、满足顾客的需求，也能增强自己的竞争力及提高收益。

在我创建蚁窝的时候，我就告诉自己的团队，一个人的力量非常有限，最好的人才是每个创业企业的创始人，因为这些人的创业热情首先不需要鼓励，同时每个人都有自己的资源，这些资源都是可以相交互补的，同时也避免了资源浪费。

在蚁窝创建前，我们首先组建了一个创业者社群蚂蚁部落，核心的动机是从蚂蚁这种生物中，学习它们的合作精神。然后用创意众筹共同组建一家核心公司，首先实现人才最大化合作，同时在资金、人员上参考众创空间统一协调的方式，大大提高了工作效率及资金利用率，从一开始就形成一个合作联盟的局势。然后根据每个创业者不同的优势，组建成一家集企业策划、创投服务、投资管理、众创空间、互联网新零售、影视文化、网络科技及区块链技术研发、产业孵化于一体的集团公司，致力于为联盟体系提供全案策划、财商体系规划、企业股权架构建设、项目包装规划、优秀创业项目的投融资及上市培育辅导，并精选优质的创业品牌，打造中国品牌计划。蚁窝集团致力于打造"创业+平台+生态"型组织，与投资人、企业家、合作伙伴携手汇聚各方资源，为中小微创业企业提供技术支持与营销服务，为更多的产品提供渠道与终端服务，同时通过线上众创模式给创业者提供创业机会，形成以蚁窝为桥梁的良性互动产业链生态循环体系。

开创蚁窝平台化战略三年，已经成为创业创新者聚合平台，是知识精英、产业创始人的聚集地，也是中国成长期创新企业的创业加速器。蚁窝联合各地创业扶持和孵化机构，以蚁窝众创、链创为工具，以创新创业为主题，聚集有梦想的战略合作伙伴。合作项目用互联网思维跨界融合生长，相互链接、网状结构、资源共享，定期开展交流与合作活动，进行资源整合与平台共享，构建合作伙伴的商脉网络和技术资源渠道，让每一个梦想聚众人之力，推动合作项目快速发展。合作伙伴应是经济转型期最具思想性、创新力和前瞻性的群体，应是中国最具思想活力、经济活力和经营活力、市场活力、技术活力的群体，他们以理解共建商圈，以势能聚集力量，以资本推动产业进步，以理念推动经济大潮，来参与蚁窝链创。可见，蚁窝链创已然成为新商业的探索者、新财富的引领者、新经济的践行者。

从当初的蚂蚁部落到蚂蚁社，蚁窝只是一个创业者社群，现在已经涉及众创空间、蚁窝众创、蚁窝链创、量慈健康、创品牌大赛、品牌指数、公益环保、私享酒柜、共享珠宝、共享餐厅等一系列联盟产业。目前旗下有浙江蚁窝投资管理有限公司、浙江善聚信息技术有限公司、浙江车嗨汽车科技有限公司、杭州蚁窝文化创意有限公司、杭州倍健生物科技有限公司、浙江源生泰科技有限公司、浙江蚁窝宝网络科技有限公司、杭州源生泰生物科技股份有限公司、杭州量慈科技有限公司、浙江思围会品牌管理有限公司、捣个江湖、GBLS、君品资本、最田农业、法赛特股份等，并引导旗下企业积极投入公益事业当中，成立了中华慈善总会绿洲基金，倡导更多的创业群体注重地球环境保护。

从长远来看，蚁窝平台将从人才培养、技术资源、第三方公共服务平台等方面推动中小企业产业联盟平台的建设，通过整合企业资源，让更多的中小企业抱团发展。

小题大做：小商品也能做成大产业

对于创业者来说，也不应该贪大求全。实际上，即使小商品，照样可以做成大产业、大市场，这就是被称为"小题大做"的创业路径。按业内的观点，小商品属于大老板不愿干、小老板干不来的类别。因为市场规模小，容不下大资本，让大老板瞧不起。但许多小老板一般习惯于小打小闹、急功近利，缺少产品创新、品牌建设与维护等意识，在日常生活中，小商品几乎到处都需要，经常存在市场缺口。面对这种情况，创业者一定要转变观念，不能以为抓小商品没出息，要坚信市场是开发出来的，做小生意需要坚持不懈，小商品量大了，不仅成本下降，还能产生集群效应。还是以一个实例来说明小商品的市场价值，怎样由小商品做成大产业的。

从20世纪70年代开始，浙江省诸暨市大唐镇的创业者白手起家拿起摇袜机，靠提篮小卖，经营起袜子生意。从70年代的手摇袜机到80年代的电动袜机，又到90年代的电脑袜机，造就了一个全世界瞩目的大产业。凭着不懈的创业精神，大唐镇人用了近30年时间，让小袜子成为一个大产业，让大唐走出国门，走向世界。

大唐镇是著名的中国袜业之乡，在整个袜业界素有"大唐袜机响，天下一双袜"一说。大唐袜业经济区是以大唐镇为轴心，涉及周边12个集镇、120个自然村、1万多家企业的巨大产业集群，形成国内最大袜子生产基地和最大的织袜原料生产基地，国内要素集聚最广、配套服务最全的袜业产业区，被列入浙江省21世纪最具成长性的10大国际性产业集聚区。特别是从1999年开始连续成功举办四届中国袜业博览会后，大唐镇已成为闻名全国的袜业之都。2003年，全市9100多家企业生产袜子就已达到80多亿双，创造产值140亿元，实现销售收入136亿元，产量占全国的65%、全球的三分之一以上，实现利税138亿元，完成出口交货值45亿元，其中自营出口1亿美元。

大唐袜业的产业配套能力极强，仅大唐镇就有1000多家原料生产企业，400多家原料经营商，约8000家袜子生产企业，300多家缝头卷边厂，100多家定型厂，300多家包装厂，200多家袜机配件厂，600多家袜子营销商，100多家联托运服务企业。大唐袜业的任何一家织袜企业均可通过轻纺市场获得原料，通过劳务市场获得工人，通过机械市场获得生产设备，通过购买技师的服务获得设备维修等技术支持，通过与同行的非正式交流获得信息。大唐袜业基本形成了以轻纺原料、袜子、袜机、联托运和劳动力五大市场为依托，以社会化合作、专业化分工为特征，以个体经济为主体，集轻纺原料、袜子生产和销售及印染、定型、包装一条龙服务的经济格局，奠定了全国最大袜业生产基地的龙头地位。大唐工业（袜业）专业区内的青山工业园区、轻纺袜业小区和大唐袜业特色工业园区三个工业园区已初具规模、生机勃勃。易地新建的浙江大唐轻纺城设施先进、气势恢宏。

现在大唐袜业已发展成一个区域性产业集聚体，形成集生产基地和轻纺原料、袜业、联托运、袜业机械、劳动力五大市场于一体的立体式发展格局，组成了以织袜为主，纺丝、加弹、染、整、绣花等前后道配套的社会化分工协作体系。复杂且完备的生产资料市场，使织袜企业节省了大量投资，大大降低了生产成本，大唐袜业中的10000多个家庭工厂和生产企业既严格分工又紧密合作，以专业化分工与协作作为基础的产业网络呈现整体优势，从容应对国内外市场的变化，正是这条产业链使大唐袜业经济区形成先进的生产组织结构。

无中生有：聚集和配置生产资源

创业者要善于整合自己的资源，甚至是无中生有地聚集和配置各种资源。在实施整合之前，创业者必须搞清楚自己有哪些资源，如资金、渠道、设备、技术、顾客、人脉等，并区分一般资源、关键资源、核心资源（独家资源）。这时资源整合就是一种交换，可实现资源共享和共同利益，产生共赢的结果。

资源整合借助创业平台或创业生态圈之势，以及与合作伙伴之间的深度结盟，这样将放大资源聚集的效果，为创业者带来意想不到的收获。一般而言，初创公司的最好归宿是与BAT、小米、360等行业巨头们合作，卖给这些巨头或接受其投资，这是集聚和配置较好的一种方式，创业者一定要把握好这样的难得机会。比如，当滴滴想整合e代驾时，被e代驾所拒绝，滴滴就用自己的行业垄断地位，自己做代驾，这就使e代驾失去了市场。

创业者走在创业路上，起步时本身资源有限，需要让这有限的资源发挥最大的效益，还要借助别人的资源优势，从无中开发出新价值。有一些资源整合的经验和知识可供创业者借鉴。

一是拼凑。成功创业本身的偶然性因素占了很大比例，而创新的东西竞争力肯定更强大，这使创新就成了成功创业过程中的必然。任何创新都必须站在前人肩膀上,高手往往是把曾有的一些原创加入一些新元素重新进行组合,这当然也是创新。即使别人已经失败的创新,也可成为被利用的资源,通过思考别人失败的根源,反向找出正确的方案,伟大的创新可能就会诞生。有一些并非科技创业者出身的人却做出了高技术的产品,原因就在于拼凑的过程中有一个创新的眼光。

二是创业者通过连接整合资源。包括过去学习、生活、工作的经历所形成的固定人脉及主动参加社会实践和学习,有意连接结交的人脉资源。创业者要善于使用人脉资源,往往越用越熟,有时会发挥出人意料的作用。要保持对自己所有人际关系的连接,经常性的互动是必需的基本技能。人力资本中起作用的就是基于关系的互动,关键性人力资本的出现往往在企业发展中起决定性的作用,而互动是建立连接最有效的方法。

创业者进入具有潜在资源的群体或是社会关系网,决定了资源的整合能力。这是一个利益圈子,从中不仅能获取直接的商业信息,还能发挥出杠杆效应最极致的作用。

三是稳扎稳打,稳步增加自有资源。资源本身的投入是根据创业者所处阶段而定,在每个阶段都应做到极致发挥。具体策略表现为有效降低管理成本,又不影响产品的品质及服务。在资源有限的情况下,企业要活下去就得拓展更多的客户资源,稳扎稳打的创业者是迈向成熟的表现,这种对风险管控的作风值得学习。

四是充分发挥资源的杠杆效应。创业者在创业过程中遇到的关键资源,往往成为企业发展的转折点。当关键资源出现时,就能发挥杠杆的效应,扩大成果,关键资源大多数来自与他人的合作,这种合作往往会产生更高的复合价值。通过与人合作把自己的优势进行嫁接,迅速扩大市场份额,增加其价值,这就是加添杠杆。大公司与大平台之间进行资源互换而发生的杠杆效应,就是创业企业需要学习的经验。

五是建立合理的利益分配机制，保证长久合作。这是资源整合的命脉，因资源整合都与利益相关。创业者之所以能获得支持，就是因为让别人得到了利益。所以，创业者一定要清楚参与资源整合的成员与自己事业之间的利益关系，越直接的利益关系，就越能整合到更大资源。同时，利益分配的机制必须要合法，这样才能走得更远、飞得更高。

资源整合重在合作。合作的前提就是各方面利益都能得到照顾，并得到保证，这样才会找到共赢共存的融合点，这需要创业者的智慧与情商。有时愿意为所有的利益分配退一步时，让别人获利就成了自己获利的最好方式，当然，合作也不是无底线的退让，而在于表现出在利益上愿意多给对方一点。资源整合就在于设计一个共赢的机制，既帮助对方扩大利益，也降低对方的风险，有格局、有胸怀的人更愿意分享，而这样的人，才能真正建立起一种与合作者稳定的关系，把资源整合的杠杆效应发挥到最大。

品牌共享：市场竞争战略

创业产品的市场竞争中应该选择适当的战略，其中，品牌共享或联盟品牌策略有其重要意义。品牌共享是指若干家企业基于其产品或服务有某种相关性，而共同使用同一品牌，由此形成整体优势的市场竞争战略。实施这一战略的优点是可获得扩大品牌知名度和美誉度，取得规模效益。这可能是中小型创业企业的一个良好战略选择，这种品牌共享策略往往能给中小企业带来意想不到的利益。

使用同一品牌的企业形成品牌联合体。由此，中小企业可以突破企业规模小、资金力量薄弱、产品类型单一的限制，集中资源为品牌宣传和扩大知名度创造条件。共享是品牌共享战略的基点和核心。共享品牌由多家企业无偿使用，这就把品牌共享与品牌有偿使用区分开来。后者以品牌的无形资产为基础，只有无形资产价值高、能带来丰厚利润的品牌，才被其他企业有偿使用，但一般中小企业的品牌影响小、知名度低，不可能吸引其他企业有偿使用。因此，品牌共享的目的是合单为众，扩大品牌知名度，使集体受益。只有无偿使用才能实现这种合作，这是品牌共享战略实施的前提。共享品牌的各企业之间还是平等的、合作互利的关系，企业间不存在直接的隶属关系，企业间的约束是软性的、契约式的。平等互利是品牌共享战略顺利实施的保障。

共享品牌下的产品还应该是相关的、多样的。若共用品牌的企业产品或服务完全无关，就没有明确的品牌定位，难以形成统一的品牌形象，无法扩大品牌的影响，不能实现品牌共享战略的目标。但共用品牌的企业产品和服务相同或非常类似，也不符合品牌共享的目的。因不能突破企业规模小、产品单一的限制，不利于扩大品牌影响和销售渠道。当然，多样化相关产品或服务，还需要统一的质量标准，以避免产品质量、产品信誉、售后服务等方面的差异，否则，将造成同一品牌的低劣产品损害共同品牌的情况。品牌共享战略有以下实施要点。

一是品牌共享战略的发起者必须对品牌进行适当的市场定位，确定品牌的产品范围、质量特色、目标市场和消费者形象等。没有品牌定位，会造成共享品牌的形象不一致、使用混乱及企业的机会主义行为等，使品牌共享战略不能达到预期的效果。共享品牌的定位比一般品牌的定位更加重要和复杂，实际经营中，企业品牌会因市场需求的增长而成长，故随着品牌联合体的发展，还应该对共享品牌进行再定位。

二是寻找志同道合的企业参加品牌联合体，共用同一品牌并制订相应的协议规范企业行为。备选企业应符合某些条件，然后通过与这些企业商谈，确定合作伙伴关系。合作企业的数量即联合体的规模要适度，数量太少无法体现品牌共享的优势，达不到满意的效果；数量太多则可能出现相互抢占市场份额无法控制的局面。在品牌共享战略获得一定成效后，寻找合作企业的难度会减少。同时，为防止合作过程中可能出现的相互竞争和机会主义行为，应事先签订必要的契约和协议。

三是以品牌联合体为单一主体，致力于制定联合体的总体发展战略。注意吸收符合条件的新企业加入联合体，制定合理的质量标准，监督各企业的生产经营行为，加大共享品牌的广告宣传等。只有扩大共享品牌的影响，合作企业才能在品牌共享中获得最大的收益。

四是尽力使消费者建立起对品牌的信任。这就需要对品牌进行很好的保护，品牌保护包括法律保护和形象保护等方面。形象保护又包括严格监控产品或服务的质量、定期收集消费者的信息反馈、不断完善品牌形象等。法律保护是用法律手段保护品牌形象不受侵害，如打假、防伪等。品牌是建立在消费者信任基础上的无形资产，一旦失去消费者的信任，品牌的价值就会一落千丈。

逆流而上：甘愿承担风险，敢于挑战现状

创业本来就是挑战现状，甚至也是一种逆流而上的精神。可以说，这是企业家精神的特质，他们甘愿承担创业带来的风险。在整个创业路上，这样的精神都应该至死不渝地贯彻下去，最终必能看到成功的曙光。这种挑战现状的精神对于创业者很有必要，具体来说，它包括冒险、创新、执着三方面。

第一，冒险是企业家或创业者精神的天性。坎迪隆（Richard Cantillion）、奈特（Frank Rnight）两位经济学家将企业家精神与风险或不确定性联系在一起，没有承担风险的魄力，就不可能成为企业家。企业创新风险是二进制的，要么成功，要么失败，只能对冲不能交易，企业家没有第三条道路可走。在美国 3M 公司有一个很有价值的口号："为了发现王子，你必须和无数个青蛙接吻。""接吻青蛙"常常意味着冒险与失败，但"如果你不想犯错误，那就什么也别干"。同样，对 1939 年在美国硅谷成立的惠普、1946 年在日本东京成立的索尼、1976 年在中国台湾成立的 Acer、1984 年分别在北京和青岛成立的联想和海尔等众多企业而言，虽然这些企业创始人的生长环境、成长背景和创业机缘各不相同，但无一例外都是在条件极不成熟和外部环境极不明晰的情况下敢为人先，第一个跳出来吃螃蟹。

第二，创新是企业家或创业者精神的灵魂。关于企业家是从事创造性破坏的创新者的观点，凸显了企业家精神的实质和特征。一个企业最大的

隐患，就是创新精神的消亡。一个企业，要么增值，要么就是在人力资源上报废，创新必须成为企业家的本能，但创新不是"天才的闪烁"，而是企业家艰苦工作的结果。创新是企业家活动的典型特征，从产品创新到技术创新、市场创新、组织形式创新，等等。创新精神的实质是做不同的事，而不是将已经做过的事做得更好一些，所以，具有创新精神的企业家更像一名充满激情的艺术家。

第三，执着是企业家或创业者精神的本色。英特尔总裁葛洛夫有句名言："只有偏执狂才能生存。"这意味着在遵循摩尔定律的信息时代，只有坚持不懈、持续不断地创新，以夸父追日般的执着，咬定青山不放松的精神，才可能稳操胜券。在发生经济危机时，资本家可以变卖股票退出股市，劳动者亦可退出企业，然而企业家却是唯一不能退出企业的人。正所谓"锲而舍之，朽木不折；锲而不舍，金石可镂"。在20世纪80年代，诺基亚公司涉足移动通信，但到90年代初芬兰出现严重的经济危机，诺基亚未能幸免遭到重创，公司股票市值缩水50%。在此生死存亡关头，公司非但没有退却，反而毅然决然变卖其他产业，集中公司全部的资源专攻移动通信。坚韧执着的诺基亚成功了，取得了辉煌的成果。

分配股权：财聚人散，财散人聚

"财聚人散"源于《旧唐书》的一词，后来又被当代的创业者补充为"财聚人散，财散人聚"。意思是如果人将财富聚集在自己的手里，那么，将没有人跟随他，人就会像水一样离开。而人如果将财富散给其他人，那么就会在身边聚集起人气。实际上，这一句话是许多创业者的切身体会，当企业的经营者爱财如命的时候，企业的人气就散了，苦心经营的企业也就必然地走向没落。蒙牛的创始人牛根生信奉"财聚人散，财散人聚"的经营哲学，他是这一理念的实践者。在他的带领下，蒙牛曾用短短八年时间超过了伊利，曾经问鼎中国乳业第一的位子。当他辞去董事会主席一职时，伊利再次超越蒙牛。

在牛根生1999年至2005年担任蒙牛总裁期间，不管出席什么活动，他总是戴一条18元钱的领带，不以为耻、反以为荣，还以"中国第一抠"自居，自称"抠门富豪"牛根生。但他对员工却非常大方，因为他信奉"财聚人散，财散人聚"的经营哲学。在1999年至2005年担任蒙牛总裁期间，牛根生把自己80%的年薪散给了员工、产业链上的伙伴以及困难人群。他曾拿着公司给他买桑塔纳的18万元，给员工买了一辆东风大客车、一辆华西中客车、一辆天津面包和一辆大发小货车，因为他想到的是公司离市区较远，员工上下班交通太困难。当一个月薪四五十元的应届毕业生结婚时，他自掏腰包凑了2000元，让该员工只管好好工作。这名员工就是杨文俊，后来跟随牛根生做了蒙牛集团的总裁。正是靠着这种散财聚人的理念，牛根生的部下人人竭力，个个心甘情愿跟着他干。但2011年牛根生卸任后，跟着牛根生在蒙牛干的那些人，也接二连三地离开了。

蒙牛2016年开始推广全新的企业文化：诚信、创新、激情、开放。这大概意味着牛根生的蒙牛文化成为过去时。在那些年，蒙牛从1999年创业年营收仅4365万元，达到了2007年销售额增长480多倍，到了2010年增达690多倍。在这种"财聚人散，财散人聚"的文化影响下，无论是员工的激情还是企业创新，都达到了极致。少了牛根生的蒙牛，这种文化可能也难以传承。落后伊利的蒙牛只输在人字上。当年经营事业的牛根生一直用"财散"的方式经营蒙牛、聚集人心。当牛根生离开蒙牛后，经营方式改变了，许多员工的心可能就不在公司了。当然，蒙牛在接手的中粮集团领导下，也付出了很多努力，建制度、立文化。但缺少过去的"财散"理念，也就缺少了一点对员工的激励。现在的蒙牛也取得了好的成绩，实现了年销量平稳增长，但与伊利的差距却在五年间，从领先变为落后百亿元左右。

天时、地利、人和，商场如战场，企业要在激烈的市场竞争中取胜，关键在于能否凝聚人心。而凝聚人心的关键，又在于"财聚人散，财散人聚"的经营哲学。更进一步地看，在现今的经济条件下，实现这一哲学最好的制度化方法就是在企业中实行股份制，在员工中分配股权。当年蒙牛因"财聚人散，财散人聚"这一理念取得显著成效，但因种种原因没有考虑分配股权，现在看来，也可以算是一种缺憾吧！

下篇
创业实战解析

　　创业中，连续成功的当然是凤毛麟角，更多创业者则像打不死的小强，一次次失败，又一次次倔强着爬起来。哪怕被现实的高墙撞得鼻青脸肿、头破血流，也熄灭不了他们内心的火焰。他们在强敌环伺的战局中坚守梦想、锐意革新，虽九死一生，却百折不挠，创造着属于他们的奇迹！

第九章
整合资源:打造无敌创业团队

抱团打天下，合伙才能赢未来

创业者都有自己的优势，可能擅长某一领域的经营；或者有业务能力，积累了大批的客户资源；或者具有专业技术，能够创新。但是，创业要求综合性的整体素质和能力，包括管理、营销、用人、理财、公关等，一个人往往不能什么都擅长，总是存在这种或那种的缺陷。既然如此，创业的最佳选择就是合伙，彼此互补，发挥出整体优势，整合各类资源。也就是抱团的创业者从能力、资源上互补，使业务能力、技术能力、管理能力、营销能力达到团体最优。所谓"三个臭皮匠顶个诸葛亮"，如此发挥团队合力，放大整体优势，就形成了生龙活虎的创业局面。

抱团合伙应该能够彼此共存，这就涉及机制问题。可以参照股份制，有明确的股东或合伙章程，股东、董事长、总经理都有职责划分，责、权、利明晰。决策层和执行层各有各的责任、义务，又能彼此协调、配合。即使是初创企业，也有规可依，公事公办，公、私分明，维护公司利益，公司的管理步入良性运营轨道，能长久经营。创业者合伙是一个发展趋势，毕竟个人不能包揽一切，需要的是抱团打天下，合伙才能赢未来。整合资源、优势互补才有可能做得更大、更久，在激烈的竞争中脱颖而出，在自己的目标领域争得一席之地，创业的路才能走得更好，企业也才能发展得更快。

当然，合伙人或团队应该有相同的志向、共同的价值观，这实际上是选择合伙人的前提条件。古语说"道不同，不相为谋""物以类聚，人以群分"，一起创业的人必须是同一条道上的人，这样才有可能为了一个共同的目标走到一起。创业团队要处理好沟通问题。一般而言，合伙人之间、企业内存在的最大问题就是沟通问题，团队中如果没有固定、不固定的沟通渠道，就会使矛盾积怨越来越深，直至最后散伙。因此必须要建立良好的沟通渠道，有话要说出来，有理要摆出来，大家要心中坦荡地处理问题，让团队能共存共荣，使各方的利益得到平衡。

一个真正的团队是组织边界清晰的一群人，为了完成一个共同的任务而一起工作，并非一群无组织的个体形成的名义上的团队。团队的目标很重要，应该具有挑战性，要有意义且界定明确，实现该目标的方式则由团队自己决定。团队成员人数应恰当并且结构合理，有明确的行为规范，这些规范一方面推动团队充分利用成员的能力，另一方面促使团队积极筹划其绩效策略。团队所处的组织环境应该为完成工作提供所需的物质、技术及信息支持。对好的团队绩效应予以认可和强化，成员受到有效、及时的指导，帮助成员解决难题，并充分利用出现的新机遇。

创业初期最缺的不是钱而是资源

创业当然要靠资金来启动。不过，走上创业路的人，往往已经预备了最初运转所需要的钱，这时最缺的反而是各种资源。如果不解决这些资源短板，再怎么投钱也不够花。这样的资源包括进入行业所必需的基本资源、体现自身优势的差异性资源。一般而言，还可能会在如下一些方面表现出缺乏：业务资源（盈利模式）、客户资源、技术资源、管理资源、财务资源、行业经验资源、进入的资格条件、人力资源等。以上所列的资源，创业者并不需要百分之百具备，其中关键资源是创业成功的重要条件，但也可以通过市场化的方式取得，或是通过财务资源换取、弥补，足够的客户资源常能改变其他资源的欠缺。资源不足是很多人在初创业的时候遇到的问题。这会使创业成功率降低，但要有完全充分的资源也是不太现实的。

以有经验的创业者的观点来看，涉及人的资源和因素，往往是最为缺乏的。创业者应该以这些问题作为关注的重点，并逐渐地加以解决。主要有以下方面：

一是创业路上最好能有乐于同甘共苦的合伙人，尤其是在创业初期。任何人都会有一些特殊事情或者突发事情需要处理，这时候比较难以兼顾，合伙人的最大优势就会体现出来，这是比较重要的一点。

二是创业初期最大的问题可能是创业者自身能力的局限。有的创业者不懂管理或经营，甚至创业项目本身存在着很大的问题。实际上，创业者在打算创业时要思考自己是否真的适合创业？如果条件很欠缺的话，就应该先积累资源，再考虑创业的问题。很多创业者在创业过程中不断学习、不断提升自己、不断提高人际交际能力，在创业的同时培养做老板的必备素质。

三是创业初期面临人手短缺的问题。这时往往任何事情都需自己亲自处理，身兼数职而难以解脱。不仅做事匆忙，也使自己精力分散，而造成避重就轻的情况。这种情况也要求创业者学会适当地管理时间、明确自己的任务，避免成为样样都做、样样不通的人。

四是团队凝聚力不够。即使资金问题解决了，资源问题也解决了，但团队人心不齐，再多的钱也会败光。创业者在招聘员工时，要招聘认同公司价值观、愿意和公司一起成长的人。不要因招人难就妥协，招聘的每个员工都需要能为公司带来效益，态度消极的员工只会为公司徒增成本。此外，为了能尽快招聘到合适的员工，还可以适当给员工股份，增强员工的主人翁意识，让员工全心全意为公司的共同目标而奋斗。

五是经验缺乏和人脉资源需要积累。当然，经验一方面是从失败中总结而来的，另一方面就是选择与有经验的人合作。初期创业者最好抱着一个学习者的态度而不是合作者的姿态，多学一些有关管理和市场营销方面的课程，最好的办法就是依托一个创业平台或创业生态圈，有创业导师和专家等的指导。

创业者该如何整合自己周围的资源

创业者必须设法获取创业初期所需要的各类战略资源，掌握能整合到的资源，充分利用，这样就能够成功地开发出机会，推动创业不断向前发展。当然，对创业者而言，还须借助自身的创造性，用有限资源产生尽可能大的价值。创业总是和创新、创富相联系。一位创业者结合自身的创业经历提出了这样的观点：缺少资金、设备、雇员等资源，实际上是一个巨大优势，因为这会迫使创业者把有限的资源集中于销售等重点，进而为企业带来效益。为确保公司持续发展，创业者在每个阶段都要问自己，怎样才能用有限的资源获得更多的价值创造？

创业者首先要明确自己的目标。1953年，美国哈佛大学曾对当时的应届毕业生做过一次追踪研究。询问当时那些毕业生是否对未来有清楚明确的目标及达成目标的书面计划，结果只有不到3%的学生有肯定答复。到30年后的1983年，再次访问当年接受调查的毕业生，结果发现那些有明确目标及计划的3%的学生，不论在事业成就、快乐及幸福程度上都高于其他的人。尤有甚者，这3%的人财富总和也大于另外97%的学生的财富总和。这就是设定目标的力量。此外，创业者还要根据已设定的目标，分析已有和缺少资源的详细情况，确定整合或获取资源的执行计划。

先要知道所缺的资源。有两个方法可用来判断所缺资源有哪些：一是在微小曲线上找出所需要的上下游方面资源。如果是制造型企业，那么，上游需要产品研发、原辅材料等，下游需要客户、品牌、物流等资源。这些上下游配套资源就是自己想要的资源。二是列出所需资源表，将资源分门别类，看看需要什么。其实，资源短缺是每个企业都会面临的问题，缺什么不重要，重要的是知道缺少的资源在谁的手里？对于中小企业来说，要解决当前各种资源短缺的困境，就要及时找到自己所需的资源。

了解到对方拥有的资源和缺少的资源，就能有针对性地进行资源整合，但如果不能与对方建立良好的信任关系，就不能顺利完成整合。从这里可以看到诚信在整合中的重要性，如果企业诚信记录非常好，必会大大增加整合的成功率，相反，就会严重减低整合的成功率。

有时候，在资源整合的过程中会发现，几乎所有资源都掌握在别人手里，要从别人那里拿到想要的资源，就必须配合别人的价值观，用他想要的交换自己所需的。那么，如何将别人的资源交换过来呢？这就涉及一个舍得思维，中国的中小企业经营者往往碍于传统观念，重得、轻舍，使企业在遇到困境时得不到帮助，最后只能以倒闭收场。其实，舍与得就像一个完整的圆圈，只要愿意为更多人服务，奉上自己的资源，别人也会回报对等甚至更多的资源。资源整合的关键是互补，只有资源互补，才可能实现资源的整合，达到共赢的状态。

这就是说，创业者在知道自己所需资源后，就要以对方为中心，研究对方想要什么，然后给对方想要的，获得对方的信任和认可，让对方自愿给予自己所需要的，这是一种实际的整合思维。由此对症下药：或强强联手，或引进外来设备、人才，或争取投资，或向银行贷款，或借助政策支持，等等。未来的新创企业无论如何发展，都可能只有三条路：第一条是整合别人，做大做强，第二条是被人整合，以退为进，第三条则是淘汰倒闭，重新创业。

企业的核心竞争力就是对资源的整合力，这一能力越强，核心竞争力就越强。企业如何走出狭隘的发展空间，得到发展，与创业者的思维有着不可分割的关系，这需要创业者具备较多的整合思维和能力，整合已有的资源，快速应对新情况，这是创业的利器之一。在创业的路上，可采用如下资源整合战略。

一是对所需资源进行拼凑性整合。好的拼凑者，善于用发现的眼光洞悉身边各种资源的属性，将其创造性地整合起来。这种整合很多时候甚至不是事前仔细计划好的，而往往是具体情况具体分析、"摸着石头过河"的结果。而这一拼凑战略，也正好体现了创业的不确定性，并考验创业者的资源整合能力。

二是步步为营地整合资源。创业者可分多个阶段投入资源并在每个阶段整合最有限的资源，这种做法被称为步步为营策略。步步为营策略首先表现为节俭的原则，设法降低资源的使用量，降低管理成本。但过分强调降低成本，也会影响产品和服务质量，甚至会制约企业发展。比如，为了求生存和发展，有的创业者不注重环境保护，或盗用别人的知识产权，甚至以次充好，这样的创业尽管短期可能赚取利润，但长期而言，发展潜力有限，所以需要有原则地保持节俭。步步为营策略还表现为自力更生，减少对外部资源的依赖，目的是降低经营风险，加强对所创事业的控制力。

步步为营策略不仅是一种最经济的做事方法，也是创业者在资源受限的情况下寻找实现企业理想目标的途径，更是在有限资源的约束下获取满意收益的方法。习惯于步步为营策略的创业者，会形成一套审慎控制和管理的价值理念，这对于创业型企业的稳健成长与成熟尤其重要。

三是优先整合容易产生杠杆效应的资源。主要包括人力资本和社会资本等各种非物质资源。创业者所需的人力资本存在一般与特殊两个构成部分，一般人力资本包括受教育背景、以往工作经验及个性品质特征等；特殊人力资本包括产业相关人力资本（特定产业的知识、技能和经验）与创业相关人力资本（先前的创业经验或创业背景）。调查显示，特殊人力资本尤其会直接作用于资源获取，有产业相关经验和先前创业经验的创业者能够更快地整合资源，并实施市场交易行为。而一般人力资本使得创业者具有知识、技能、资格认证、名誉等资源，也提供了同窗、校友、老师以及其他连带的社会资本。

人在一起是聚会，心在一起叫团队

只是人聚在一起，并不能形成创业团队，只能称作人来人往的聚会。在许多时候，只是聚在一起的合伙人是不能同甘共苦的，有的人是在最困难、最低谷时分开，有的人稍遇挫折就另谋高就。有时候，生意稍有起色，合伙人看着赚钱，就开始有吃独食的想法，排挤其他合伙人，致使大家分道扬镳，各人另起炉灶。因此，创业团队成员要同心同德，在最困难、最低谷时不应气馁，在生意兴隆时不贪、不躁，才有可能做得更大、更远。中国的民营企业平均寿命是 2.9 年，能到五年就已经很不容易了，更不要说打造百年老店了。这都是因为人心没有聚在一起，或心只是暂时聚在了一起。

人在一起是聚会，心在一起叫团队。心聚在一起的团队才是创业成功的保证，就像海中一只航行的船，船上的人同心协力，不会在风雨、巨浪中解体。那么，心在一起的创业团队究竟意味着什么呢？这包括五方面的含义：彼此信任、建立共识、相互沟通、确立角色、寻找意义。

一是彼此信任。这是整个团队凝聚在一起的基础。创业者、合伙人、团队成员应该互相信任，许多快乐、团结的团队都毁在怀疑和猜忌之中。有这样一个故事：两只小鸟快乐地生活在一起，雄鸟收藏满巢的坚果让雌鸟保存，因天气干燥，坚果脱水变小了，一巢果仁看上去只剩下原来的一半，雄鸟认为是雌鸟偷吃了，就把雌鸟啄死了。过了几天，天下了雨，空气湿润了，果仁又涨成满满一巢，雄鸟看了，十分后悔地说：我错怪了雌鸟。这个故事表明，整个创业团队一定要保持彼此信任，不要让怀疑毁了团队。

二是建立共识。许多团队看上去每个人都是背景好、能力强，因没有共识，团队目标始终无法推进。如何理解市场、看待行业、服务客户、取得利润、评估机会、解决异议，都存在一个共识的问题。虽然这些问题看上去和具体工作没有任何关系，却是一个团队能否走得更远的最重要基石。由亲戚、同学、多年朋友组成的团队会更稳固，因为有共识，很多连续创业者，即使项目发展不顺利，仍然能够带领整个团队转战四方。

三是相互沟通。沟通是凝聚团队的一个关键因素。在团队中，如有什么想说的，不要犹豫，与同事、老板、上下级沟通，取得他们的理解，就能避免许多不必要的误解和矛盾。再讲一个故事：狮子和老虎之间爆发了一场战争，最后，狮子快要断气的时候对老虎说：如果不是你非要抢我的地盘，我们也不会弄成现在这样。老虎吃惊地说：我从未想过要抢你的地盘，我一直以为是你要侵略我。衡量一个创业团队的好坏，团队的沟通是很重要的标准。不是看团队多么友善、和谐，看的是团队沟通够不够深入，团队成员是否愿意敞开心扉、表达观点，在沟通足够深入的同时，能否取得共识，这种共识不是妥协，而是共鸣。

四是确立角色。角色是个人抱负在现实中的落脚点，是个人对团队贡献和索取的平衡点。随着团队发展，每个人都在贡献自己的价值，索取自认应得的回报，但每个人对贡献和索取的看法并不一致。通过不断沟通、尝试、磨合，能够找到自己角色的会留下，找不到的人会离开。

五是寻找意义。人需要意义，有时候意义比利益更重要。一个团队能够达成合作，需要有人为团队、为合作赋予意义，让团队成员能够看到，通过团队合作会离成功更近。没有了意义，人就无法容忍不喜欢的同事、不会主动承担困难的指标、无法面对失败。意义不是目标，而是在追求目标过程中和实现目标之后，对付出努力的每个参与者产生影响；意义是面向未来的，是可以想象出来的，而非现在的。创业者应该为团队的创业事业赋予意义。

第十章
梳理模式：构建最佳商业模式

商业模式的本质：为用户创造价值

商业模式是对企业产出的价值进行分析和思考的系统方式或工具。创业者要使自己的产品获得市场，就必须结合实际建立起自己的商业模式，用以指导具体的营销战略和策略。作为企业的经营者，创业者还必须清楚地认识到：商业模式的本质，就是为用户创造价值。进一步来说，只有为用户创造了实在的价值，创业者才可能获取价值或利润。一个企业的商业模式包括3个相互联系的基本部分或要素，形成一个价值三角链。

一是通过价值定义阐述企业为用户提供什么价值，反映出企业关于用户价值的观点和主张。企业的价值定义不仅针对目标用户的需求，同时也要考虑合作伙伴的利益需要，以获得合作伙伴的认可和支持。

二是通过自身和合作伙伴的资源整合，实现价值的创造和传递，转换为用户价值并传递给目标用户。这一过程与产品的生产和营销密切相关。

三是企业自身价值获取的过程和机制。企业由此对产出的价值进行分配，获得自身的份额。一个企业只有获得持续的收益，才能满足企业日常运营和发展的需要。

在商业模式的价值三角链中，三大部分或要素是相互联系、相互制约、相互影响的。价值定义决定和影响其他二者实现的方式与过程，又受到这二者的制约。价值的创造、传递与价值的获取也是紧密相关的，价值的获取建立在价值创造、传递的基础上，又进一步支持下一轮的价值创造和传递。

实际上，商业模式的基础是产品和服务，本质上是通过产品和服务为用户创造价值。商业模式还包括定位、寻找需求最强烈的用户群，用良好的营销接触这些用户，在接触过程中不断把产品做好，以形成充分的用户基础，实现企业盈利的目的。其实，商业模式不仅仅是挣钱模式，还至少包括3个方面的内容，即产品模式、用户模式、推广模式，收入模式或挣钱模式一般都放在最后。

产品模式表明企业提供了一个什么样的产品。一般而言，能靠互联网做大的企业，都是产品驱动型的。广而言之，一切商业模式都要建立在产品模式的基础上。没有了结合用户的产品思考，企业不可能做大。企业的产品将指出创造了何种用户价值、解决了哪一类用户问题、能否把贵的变成便宜的、可否把复杂的变成简单的。

用户模式建立在产品模式之上。这就是说，作为一个创业公司，一定要找到对产品有最强烈需求的目标用户群。尤其不应该将自己的产品看成是普适产品，要经过认真思考，找到真正有吸引力的市场。

推广模式是指将产品或服务送到目标用户群的方式方法。口碑往往并不充分，即使产品本身做得再好，还没有接触到大多数目标用户，就可能被其他企业盯上，通过模仿及捆绑，取得这类产品的市场主导权。当然，也有可能获得互联网巨头的投资，反而使产品迅速地占领市场。有时候，靠融资砸钱做推广并不是理想的做法，虽有销售但没有全面接触自己的用户群。反而在缺钱状况下推广，会倒逼着人在推广模式上创新。有时候，推广资源一撤，用户量就掉下来，这种推广无效的情况说明产品存在问题，须对产品进行改进。好的推广也是对产品不断完善和提升的过程，能使创业者了解到用户的真正需求，甚至发现新的用户群。

收入模式应该建立在用户基数之上，由此考虑怎么获取收入。其实，商业计划书里的收入模式往往不靠谱，一个成长起来的创业公司实际收入模式与商业计划书往往大相径庭。在企业发展过程中，收入模式也须不断调整，对于创业者而言，谈论收入模式、如何赚钱，是最没有意义的事情。创业者需要知道商业模式的本质是什么，可以从 Google 的故事中学到一个道理：没有用户价值，就没有商业价值。

共赢是商业模式的核心

创业者必须认识到共赢是商业模式的核心，由此建立起优良的商业模式，核心对了，模式才可能有效地盈利。在数学中，1+1=2 的算式是正确的，但在实际生活中，大凡事业上成功的人都懂得使事情走向 1+1>2。成就事业的人都善于合作，因为他们明白合作共赢与单打独斗的不同，如果他想领导企业朝着成功的目标前进，他会建立一支有效的团队做后盾，并在合作者中实行共赢战略。可以说，共赢是商业模式的核心。从更广泛的意义来看，共赢思维是人与人或人与自然之间更好地和谐相处的方式。对于新创企业而言，这是一种既不逃避现实，也不拒绝竞争的以理智求共同利益的态度。

以共赢为核心的商业模式是创业者为了使企业价值最大化而构建的一种与利益相关者的交易结构。这样的商业模式需要照顾经营相关者的利益，获得皆大欢喜的结果。当然，以共赢为核心的商业模式要避免临时的利益苟合，坚持可持续的共荣、共生、共享的共同发展。这是创业者企业长期发展和不断取得业绩的保证。一般而言，不符合这一特征的商业模式，只能出现一时风头正劲的情景，长远来看都只会是昙花一现，除非能建立共赢的核心。一个不是以共赢为核心的商业模式会出现诸多缺点。

一是有一些商业模式过分强调对消费者贪便宜心理的激发。虽一开始能够迅速积累起庞大的消费群，但很容易引得竞争者模仿，甚至出现恶性竞争。这样的消费流量来得快，但持续不了多久。

二是过度服务，以致企业的资源无法支撑。这一模式也违背了共赢的原则。如上门剪发、上门服务等，过于贴心的服务，反而并不是服务业发展得好的景象，这样的企业很容易倒闭。

三是空手套白狼的手段。有一些商业模式过于投机取巧，走的是一毛不拔的路子，甚至专挑合作方的软肋占其便宜。这种做法，最终会让企业经营难以持续。

四是有意识地打压合作方。一些商业模式利用多边平台中的一方打压另一方，借以取得利润。这种情况必会引起对方的反弹，短期内即使有成效，但因违背共赢原则，最后结果一定不会令人满意。

五是急于一夜暴富，顾前不顾后。如某些打着金融旗帜的企业，他们推出的业务模式，不仅违背常识，最终必然使表面的共赢假象破灭。这种失败的模式是追求一夜暴富的经典例子。

六是重复建设，资源出现很大浪费。在联合利益相关者的过程中，有的创业者以"人无我有，人有我精，人精我转"的思维方式做指导，争取话语权，争着投入各种资源，以建立所谓的竞争优势，结果造成整体上过度投资与重复建设，让企业出现产能严重过剩。

七是利令智昏，到不熟悉的行业争夺利益。比如，旅游业必须经过多年"深耕"，才能有所积累，但毫无经验的互联网公司大量涌入旅游业就不得不说是一件很奇葩的事情了。传统旅游公司转互联网只需增加一个APP，而资源少、规模小的互联网企业进入旅游业无疑是一场灾难，连被巨头企业收购的机会都没有。

八是抱残守缺，思想守旧。由于经济的发展，一些企业面临被迫转型的局面，即使一些曾经引人注目的互联网企业，到了移动互联网时代，也同样需要升级或重建商业模式。但有一些创业者或高级管理者往往不能及时调整经营方式、经营理念、企业的角色定位，最终导致企业发展困难。出现这种情况，往往是因不能以共赢的态度看待企业所面对的产业变革形势所致。

共赢是商业模式的核心，更多的是指多方共赢，在这种商业模式中涉及多方，如供应商、渠道商、用户、大客户、合伙人等。如果商业模式中只是涉及各方的利益博弈，却没有办法让参与的各方共赢，这样的商业模式一定无法有效运作或复制，因为缺少推动力量。

微信和滴滴都属于非常典型的多方共赢的项目，它们商业模式的核心都是共赢。个人用户通过微信，提升了与朋友的沟通效率，并且能够更好地与朋友连接，公司客户通过公众号为客户提供了更好的服务并做了推广。正因为如此，微信模式的复制基本上就不需要通过推广，大部分都是通过用户推荐，朋友之间面对面传授微信的使用方法，甚至帮对方下载和注册。滴滴让用车的人更方便地找到车，让开车的人能够容易地接到更多的业务，这是一个明显的多方共赢的例子。撇开庞大的资本支撑，微信和滴滴的商业模式把握了共赢这个核心，在多方共赢这个层面设计得很好，业务能够快速发展，模式得以快速复制而被大众接受。

俗话说，众人拾柴火焰高。由于个体的力量与多方力量相比总是很小的、有限的，因此在创业过程中，有选择地借助外界的力量，以共赢形成合力，那么竞争实力就会倍增，抵抗经营风险的能力同样也会倍增，从而达到共赢局面。由此可见，共赢是一种卓有远见的和谐发展，既利人又利己，既合作又竞争，既相互竞争又相互激励，形成商业模式的核心。

最好的商业模式是读懂人性

在现代商业社会，每一个成功的商业模式都是充分考虑了人性弱点的，从自然经济到共享经济，都是如此。不仅要从人性的角度读懂消费者或客户，还要读懂合作伙伴、团队成员、投资人。因此，创业者一定要学会读懂人性。

读懂人性就是定义人。创业者能不能成功，其前提就是如何定义合作伙伴、投资人、团队成员、客户等。西方经济学把市场中的人看作是趋利避害的理性人，这其实就是建立在对人性分析的基础上的。作为一名创业者，在读懂人性时，完全可以借鉴西方经济学的观点，上述人性弱点实际上也就是市场需求。充分研究人性，理解客户和伙伴，尊重客观规律，按照规律办事，这样建立的商业模式一般容易按照预期运作，并指导企业的生产和营销。如果把模式设计得高大上，就忽视了人性，这将不是一个好的商业模式。每个人都不是不食人间烟火的，不能读懂人性的商业模式注定会失败。

商业模式始于对用户痛点的分析，即对目标用户的人性分析，找到的痛点越痛，商业模式就设计得越合乎实际，盈利的速度就会越快。那么，从人性的分析角度来看，究竟应该如何设计商业模式呢？现举几方面的例子来做说明：

一是小孩子需要学习。到处都是小孩的培训学校，有教英语的、奥数的、音乐的、钢琴的,甚至还有训练小孩情商的。有一些特色的培训学校,基本上做一家成一家,浸泡式教学的瑞思英语取得了成功,情绪式体验的疯狂英语也风靡一时,致力于提高分数的学而思也成功登陆纳斯达克。从人性上说,培训学校如此成功,都是体现在家长对孩子未来的担忧,希望不要输在起跑线上。所以,小孩爱学习,实际上是家长在担忧,学习的虽是小孩,买单的却是家长。因此,培训学校在设计商业模式时就要重点考虑家长的因素,一定要将家长放到模式中的重要一环,这样的商业模式就读懂了人性,才得以快速成功。

二是男人爱财富。喜欢财富的男人,就会喜欢刺激和挑战,仅靠工资很难满足男人对财富的需求。男性选择创业的更多,还会选择赚钱速度更快的行业,有时为了达到追求财富的目的,他们会想出很多办法。如果企业的产品是针对男性,就可以针对男人爱财富这一人性特点,设计自己的商业模式,在生产和营销中,都要牢牢抓住这一需求。

三是女人天生爱美。爱美是一种与生俱来的本性,更是一种依赖。有的是为了吸引众人的注意,有的是为了得到爱人夸奖,有的是为了满足自己的虚荣心。于是,女人喜欢化妆、穿漂亮衣服,需要华丽的首饰,因此化妆品、服装就成了装饰女人美丽永远离不开的话题。一个塑造女性妩媚、优雅及出众风格的香奈儿公司,成为现代女性美学的风向标。一盒以科技抗衰老著称的俏十岁面膜,让女人找到了年轻美丽的希望。一个以贩卖打折奢侈品的唯品会网站,也敲开了纳斯达克的大门。凡是带上抗衰老、去皱纹、保美丽、绽放青春标签的化妆品或者服饰公司,都紧紧抓住了女性的爱美痛点。化妆品卖的不是化妆品本身的美,而是使用后的美丽、年轻、自信。如果是针对女性的产品,在设计商业模式时,就要围绕女性使用后带来的变化做文章,美是顾客想要的结果,化妆品只是帮女性实现这一结果的桥梁。唯品会成功做到了,以大牌代工厂 C2M 概念著称的必要网也正在成功的路上。

四是老人爱健康。老人到了垂暮之年，作为后代，都希望老人能够健健康康、快快乐乐，身体要健康，精神也要健康，甚至信仰也要积极向上。身体需要健康，医院的生意就会火，保健品就会畅销；精神需要健康，开老年大学就成为一个趋势，陪老人聊天即将成为一个新的时尚；信仰需要健康，这能真正满足老人精神生活的需求。在设计老人爱健康的商业模式时，就要更多地将为老人健康买单的晚辈们及老人身边的人拉入模式系统中来。"今年过节不收礼，收礼就收脑白金"，就是一个成功的例子。

五是大学生需要工作。每年毕业生人数高达800多万，而当年就业率满足不了这个要求，那么有些毕业生可能一毕业就会失业，这成为当前大学生心中的一个痛。为了解决大学生求职问题，智联招聘、赶集网、51Job都大显身手，取得了辉煌的战绩。而58同城创始人姚劲波也在不同场合强调，过去58同城网依托地产中介业务的商业模式，将于当年开始转变成为以企业招聘为主的盈利模式。读懂人性的商业模式创新必不可少，Boss直聘、拉勾网、猎聘网分别在相应垂直领域成为NO.1。可见，随着求职压力的加大，职聘网也会更加快速增长。相信未来商业模式还会继续创新，人才定向代培迫在眉睫。

新创办的企业，一定要围绕读懂人性设计商业模式。要尽最大努力满足客户的需求，解决当前社会所面临的痛点问题，在共赢基础上追求企业价值最大化。

商业模式不是越复杂越好

对于创业者而言，商业模式并不是越复杂越好。这是因为产品以简单为好，必须针对用户的一个强需求，将用户的体验做到极致。即使产品比较复杂，往往还是以简单的商业模式影响最大。宜信公司 CEO 唐宁说："创业者不用贪大求全，从一款入手，我是很认同所谓的爆品突破的，你有一款产品，你有一个服务，真正能够解决客户的某个重要的痛点，对于客户来讲也不要贪大求全，试图服务所有人没有必要。"商业模式要简单，还因为业务的前提需要简单化，一项业务如果要以 3 个以上的条件为执行前提，那就基本不可行了。一种商业模式如果环节非常复杂，更是无法操作的。

因为一次创意是可以多次复制的，好的商业模式都只需要一次创意，凡是需要不断创意的商业模式或生意都是难度极高的。例如拍电影，想连拍 10 部挣钱的电影，但下一部无法保证一定会挣钱。因成败还要取决于下一次创意如何，这种风险是很大的。因此，商业模式也应该追求一种极致，可以说越简单越好。正如乔布斯所说："专注和简单一直是我的秘诀之一。简单可能比复杂更难做到，你必须努力厘清思路，从而使其变得简单。但最终这是值得的，因为一旦你做到了，便可以创造奇迹。"

让一切变得更加简单的模式有时是最好的商业模式。亚马逊网上图书商城把大量的批发、零售环节砍掉了，从书籍出版到读者手中，就只剩下网上书店一个环节。而中文在线做的商业模式则更进了一步，它连印刷、库存的物流环节都省去了。中文在线的商业模式做到了上游是作者，中间是平台，作者在平台上创作，下游是读者在中文在线平台上阅读。由此可见，一个好的商业模式，最重要的元素就是简单。

简化是一种非常高明的商业模式，有5种方式可以使商业模式变得简明。

一是使复杂的事变得简单。滴滴打车让打车更简单，滴滴做的一切都围绕着这一点。传统打车所需的步骤较多：用足够的时间找到一辆出租车；告诉司机要去哪里，讲清楚如何到达那里；确保有足够的现金去支付，还要找零，并保存收据。可见，减少复杂的任务可挖掘出商业机会。

二是让可怕的事变得轻松。世界上最聪明的人也最多只能明白世界上0.01%的事物。一名18岁的大学生入学就面临背负5位数的学费债务的恐惧，解决入学的这一恐惧，实际上就是一种简化工作。围绕人的恐惧建立一个服务，大家就会张开双臂奔向这一服务。正因如此，就产生了帮助年轻人管理教育资金的NextGenVest。

三是让无聊的事变得有趣。无聊的任务容易被忽视，这就意味着某些传统的无聊产品留下了巨大的市场潜力。可汗学院（Khan Academy）使学习充满乐趣，Love Game使储蓄成为一种游戏，Mint让个人理财变得容易。给麻烦的活动带来快乐，就可以获取潜在的市场。

四是取代中间人。有这样一种观点，大多数的经济增长只是一次消灭中间人的过程。减少生产和采购之间的距离，而不牺牲质量或分配，几乎总是一个赢家的方案。

五是使混淆的事实变得清楚。大部分消费者都有能力分辨一个业务员是不是在乱讲，因此，诚实是建立信任的一个好方法。即使告诉消费者自己的错误，也能够赢得信任。正如一位营销专家（Sophie Bakalar）所说的："诚实本身就是一种营销策略。消费者越来越关心一家公司的透明度。"

没有被验证的商业模式一文不值

商业模式还需要得到验证，没有被验证的商业模式实际上一文不值，模式和实际可以有很大差别。因此，一个未经验证的商业模式很难确定其是否可行，而经过验证的商业模式却具有很大的价值。未经验证的商业模式风险很大有下面两类。

一是综合解决方案类型的商业模式。这种商业模式的特点是业务需要多个前提条件。但在原则上，需3个以上前提的商业模式基本上是不能成立的，因为即便每个前提都能够达成90%，3个前提的可能性只有70%，这类商业模式只在理论上有赚钱的可能性。

二是超越逻辑的商业模式。逻辑是商业模式的基础，不合逻辑的模式取得成功是偶然的，而失败是必然。多年来，有很多绚丽的商业泡沫突然升起后轰然破灭，都因为如此。

对创业者而言，尽早验证商业模式非常重要。一个商业计划无非是现在怎么挣钱，未来怎么挣更多的钱；现在主要看执行性，未来主要看合理性。一个好的商业计划现在就应该是挣钱的，如果现在不挣钱，未来的服务于挣钱，两者间的台阶最好不要超过两级，否则基本上都是空想。很多创业者喜欢以未来的想象空间忽略现在的可执行性，这种企业一般难以争取到投资。创业者应该做的，就是认真做好现在的第一级台阶，验证第一级台阶的价值和可执行性，用以评估未来的合理性。

商业模式本身存在的问题，可以导致一个创业公司的成败。那么，应该怎样将自己的商业模式展现出来，并加以验证呢？《福布斯》杂志撰稿人卡维右普塔提出了7种方法：

一是产品是否受用户喜欢但不赚钱。一个看起来很漂亮、也很神奇的产品，用户群体和目标市场也喜欢这款产品。但如果创业者不能压低成本，以赚足维持公司运转的钱，却坚持花费高成本打造一个有价值的产品，而面对的又不是奢侈品市场，用户虽然喜欢却不愿掏腰包买单。这样的错误看起来很显眼，但却是创业者在埋头苦干中最容易陷进去的一个陷阱。

二是在用户切换成本低廉的市场，是否花费大量金钱去获取用户。实际上，花费大量的钱去获取用户并不是一件错事，但如果所面对的市场中用户切换成本过低的话，这样投入大量金钱可能会导致很大风险。因为花费大量金钱获得的用户，可能因为竞争对手提供了一点点价格优惠或更好的体验就离你而去，最终得不偿失。

三是对购买周期过长的用户是否关注太多。不要将太多精力放在购买周期过长的用户身上。当然，如果每次购买量极大，而创业者也有足够资金打这场持久战，就只能算是一种特例了。

四是在新市场上获得市场份额，是否花了重金。在进入一个新的市场时，其实还不能考虑怎样能够占领到市场份额，首先要做的就是把这个市场打造起来。而对于创业商来说，开拓一个新市场，将是一个花费大量金钱的过程。不过也有一种特殊情况，即非常善于打持久战，能够有办法让现金流一直维持到市场和用户认可产品，并为其独特的价值开始大量购买。这与精益创业之父史蒂夫·布莱克所持观点一样。

五是目标是否瞄准了受限制的市场。即使创业者的产品有独特的价值主张，但却被"看门人"拒之于众多付费用户门外。这个"看门人"可能是个人，也可能是公司，或者是其他掌握目标市场钥匙的实体组织，他们会想尽一切办法阻止别人进入市场。目前，美国音乐内容版权一直掌握在老牌音乐媒体服务公司手中，而那些流媒体服务商被拒之门外，就是由于这个原因。同时也是 Amazon 和出版行业纷争不断的原因。

六是是否在恰当的时机进入市场。当谈及为何时机是进入一个成熟市场的重要原因时，技术行业应该是一个很好的例子。在技术行业，无论是过早进入市场还是过晚进入市场，都会很不幸。因为创业者将面临一群难以掌控的用户，或是不知道产品是什么（过早进入市场）或早已对产品没有兴趣（过晚进入市场），因为已经有了更好的代替品。

七是是否忽视了自己商业模式所处环境中的法律制度。一旦违反版权法等法律，即便曾经是快速增长的企业，也会陷入各种官司中。如果新产品具有开创性，甚至现今在这方面还没有健全的法律，那创业者就需要准备跟一群老牌传统的相关企业、工会甚至还在尝试弄清楚产品的政府机构，展开一场浩大而复杂的战役了。而最终的结局也可能是公司关门大吉。

| 第十章 梳理模式：构建最佳商业模式 |

烧钱的发展模式并不适合大多数创业者

从创业的一般规律来看，资金虽然重要，但关键还是产品或服务过硬。如果产品、服务有缺陷，在有钱烧的时候，市场流量就起来，没钱时市场流量就迅速枯竭，创业就会以失败而告终。因此，烧钱的发展模式并不适合大多数创业者。

现在有一些创业者已经知道，如果不烧钱、不补贴还怎么创业。这也难怪，以2013年和2016年做比较，微链统计2013年全年获得投资的项目数一共是1263个，但2016年上半年就有1268个。2016年上半年获得投资的项目是2013年全年的总数，融资烧钱已经成了趋势，创业者习惯的环境发生了变化。

不过，在几年前20万元就可以投资一个天使轮项目。有产品、完整团队和用户的创业项目估值也不过1000万~2000万元，现在即使没有完整的团队、产品和好的想法，估值基本上都有2000万~3000万元。不少人这样说，现在创业成本大幅上升，基本面已经不一样了，实际上，这并不是估值的差别，而是创业理念的不同。创业者会更客观地看待融资，每天想得更多的是现金流和生存，而不像今天许多创业者，只是追求融资发展，似乎有了增长就有了下一轮融资。抱着这样的融资观，一旦融资失败，就意味着创业失败。

其实，创业者的很多项目本身就可以赚钱，因为资本市场的诱惑，都陷入了补贴和快速增长的黑洞。一旦拿不到足够的资金,才发现还没来得及培养赚钱的能力。原以为只要有增长就可以赚钱,却忘了盈利能力也像产品一样需要不断打磨和探索。这样还培养了用户的另一个习惯,那就是一定要有补贴、要更便宜,否则,不适用。创业者应该认识到,无论融资与否,都应该在生存中求发展,因此寻求快速增长时不要忘了先要让企业存活下去。

创业者靠累积用户来寻找商业模式,或是靠烧钱来提升增长速度,都是一些风险非常高的模式,不适合一般的创业者。虽然一些公司用融资来支持烧钱,采取先烧钱赚眼球,等到累积用户之后再确定商业模式的做法,却不知道这种方式的风险很大。如无新的客户买单,现金流就会迅速枯竭,公司就会陷入倒闭。联想、华为、海尔等企业用了20年才发展成为国内顶级企业,新浪、百度等企业也用了10年时间才发展为具国际影响力的顶级企业。而如今,很多创业者却幻想靠着烧钱来发展,想在三年之内就上市,这当然不现实。

有高额补贴的行业,大多数已不适合后来的创业者,因为能在早期拿到大额投资和补贴的创业公司并不多。团购市场前三名是美团、大众点评、糯米。前两家虽是创业公司,但在早期就获得了资本的支持,在与糯米竞争时并没有处在劣势。滴滴、快的等创业公司,产品、团队、运营都很不错,腾讯、阿里等巨头进入后,资本触发市场,进入烧钱、补贴的大战。而资本不那么充足的打车软件没有补贴,意味着用户流失,只好关闭或卖掉,如上海的大黄蜂软件卖给了快的。外卖和打车的共同逻辑是频次比较高的应用,过去这些年,高频次领域几乎被各种创业公司占领,如餐饮外卖、洗衣、家政保洁等。相反,低频次应用的生活服务领域,鲜有创业者涉足,如搬家、开锁等,几乎没听说有新创公司。这是因为高频次的服务容易将客户转化为用户,低频次服务只能不断地做新客户,因此那些频次高的应用领域更可能获得高额融资。

烧钱模式只是有了资本支持之后才可以选择,能不能成功很大程度上取决于是否有后续买单人。如果这条线断了,钱烧光、现金流断掉,那么创业公司也就失败了。这些年,出于人贪婪的本性,资本与创业的结合度空前紧密,拼命烧钱,不顾一切地给公司的发展提速,催促尽快上市。资本玩着博傻的游戏,希望永远有更高价格的接盘者,即更傻的人。在这种情况下,很多公司都成为一个个大陷阱。前些年很火爆的团购就是一个典型例子。当时有许多人认为,团购肯定有市场,大量的小型企业没有钱做推广,一定会需要团购公司做服务,但团购并不是很多公司的刚需,也不具有高频次的性质,其价值也许只是当时投资人对团购公司所下赌注的几十分之一。

资本进入这些广阔的市场,对大多数创业者来说,不只是降低毛利,而是巨头企业做好了长期亏钱的准备。不过,随着各种上门服务的关闭,人们发现烧钱模式并不适合所有行业,因为通过补贴达到行业垄断需要的资金,怎么测算都赚不回来。大部分的行业也不可能达到垄断或通过补贴来改变用户习惯。这也说明,对于创业者而言,现在不可能融到那么多钱了。创业者要么获取更多融资,要么投身巨头,但这并不是一条容易走的路。创业者还应该在烧钱之外寻找发展模式,加强本身的业务经营能力。

创业公司如何进行商业模式梳理

所有创业项目其实都是一门生意,而生意的核心是营销。有一门研究如何做好生意的学问叫"市场营销学",市场营销学有个核心词汇是"定位"。要把生意做好，就要做好定位。做好定位要先搞清楚下面3个问题：

1. 谁是我的顾客？（Who）

2. 他们在哪里？（Where）

3. 如何影响他们？（How）

如果解决了这3个问题，营销的问题也就解决了，设计商业模式也就简单了。比如第一个问题：谁是我们的顾客呢？只要是生意就已经决定了我们的顾客有两种：一是产品的消费者；二是生意的合作伙伴。

创业者在确定自己的商业模式之前，还应该结合已整合的资源，对商业模式所涉及的基本因素进行分析，梳理企业的商业模式。一般而言，可以从以下9个方面进行梳理：

一是价值主张。实际上，企业所有的产品或服务，都是提供给用户某种价值，企业也要在创造价值的过程中实现自己的商业利益。企业通过价值主张，告诉用户为何选择本企业的产品或服务，企业对于产品或服务的说明应该是清晰明了的。比如，Uber提供便捷的出行方式，其价值主张具有鲜明特色，强调便捷服务。正如Uber的广告所说："轻轻一点，专车为您服务。"

二是重要资源。包括企业自身所拥有的能力和资源，如资金、人才、品牌等，还包括企业能整合到的合作方及社会资源。资源能帮助企业提高竞争力，如腾讯多年累积下来的网络社区经验和QQ关系链，就是微信的重要资源。

三是客户细分。即寻找和分析目标客户，尤其是企业产品或服务的重要用户。对消费者进行细分时，可有多种角度，如价格敏感度和品牌追随度。针对重视价格的用户，可以采用打折的促销方法；对于关注品牌的用户，就要强调产品的特质，如新潮、时尚等。在产品的设计上，也要围绕细分客户的特点和需求进行。

四是关键业务。要梳理并列出企业的关键业务，这些业务关系到企业的生存。腾讯的关键业务是网络社区，百度的关键业务是搜索，阿里的关键业务是电商，唯品会的关键业务涉及自建仓库、奢侈品电子交易、售后服务，等等。

五是销售渠道。既然找到了目标用户，就要通过渠道将产品和服务送达用户。为了有效地传递，就需要分析渠道的投入、产出比（ROI），找到针对细分客户的最有效渠道。比如，外卖平台（公司）在大楼下面发传单，就是一个渠道，达到自己的目标用户，在安卓市场分发产品或在 App Store 上架产品，都是接触用户的渠道。

六是客户关系。建立和维护客户关系，须不断加强与客户的交流，了解他们的需求，并不断地完善产品及服务以满足用户需求。客户关系管理须考虑两方面：首先是如何与客户建立联系，罗永浩做锤子手机时，因其个人魅力已经与客户建立联系；其次是如何与客户保持长期关系，只有绑定用户才能更好地变现。小米的米粉论坛、网站的会员系统、理发店的年费会员、星巴克的会员卡，都属于客户关系的管理。

七是合作伙伴。创业者要分析和列举：谁是重要伙伴，谁是重要供应商？企业正从合作伙伴获取哪些重要资源？合作伙伴做着哪些关键业务？企业根据这些分析进行客户关系的管理。唯品会的合作伙伴很多，包括大规模的供应商网络、400多家合作的品牌商，还与太平洋保险合作推出正品担保服务。

八是成本结构。所有的花费都构成了成本，如人力成本、场地成本、营销成本、仓储成本、物流成本、进货成本等。创业者要对成本进行多角度的分析，提高资金的使用效率。

九是收入来源。一个企业必须挣钱，否则，难以维持下去，就更不要说发展了。要想让企业尽快盈利，就必须考虑下面一些问题：产品或服务的什么价值让顾客愿意付费？他们愿意支付的价格是多少？顾客愿意以何种方式付费？还有哪些收入？各项收入的结构如何？

商业模式是一种简化的商业逻辑，但又是一个非常复杂的概念。流行说法大多只涉及整个商业模式的一部分，如B2B模式、B2C模式、鼠标加水泥模式、广告收益模式、运营模式、盈利模式等，不一而足。商业模式可分为两类：第一类是运营性商业模式，重点解决企业与环境的互动关系，尤其包括与产业价值链环节的互动关系。运营性商业模式创造企业的核心优势、能力、关系、知识，主要有产业价值链定位、盈利模式设计等内容。第二类是策略性商业模式，这是对运营性商业模式的扩展和运用。应该说策略性商业模式涉及企业生产经营的方方面面，包括业务模式、渠道模式、组织模式等内容。

从上述两大部分出发，对于商业模式的分类又有很多不同的具体形式。有些经济管理专家从营销的角度，将商业模式分成11种具体的类型：

一是店铺模式。这是最古老、最基本的商业模式。具体地说，就是在具有潜在消费者群的地方开设店铺并展示产品或服务。

二是饵与钩模式。随着时代进步，商业模式也变得越来越精巧。这种模式也称为剃刀与刀片（Razor and Blades）或搭售（Tied Products）模式，出现于20世纪初期。在这种模式里，基本产品的出售价格极低，通常处于亏损状态，但与之相关的消耗品或是服务的价格则十分昂贵。当时打印机多以这种方式销售。

三是明亏暗搭模式。这也是一种非常古老的商业模式，摆明着的亏本只是起广告作用，为的是引来客流，然后通过兜售其他商品获利。

四是免费模式。这是如今互联网随处可见的销售模式，这是传统明亏暗搭模式的互联网版，而引起轰动的当数盛大率先推出的网游永久免费的销售模式。

五是一折模式。同样表现为明亏暗赚的不但有免费模式，还有一折模式。不过，这种模式在实际运用时几乎不可能出现一折的情况。

六是分期付款模式。分期付款模式的本质就是将大的支付款项拆分成小款项，使得购物者每期资金压力很小，易于做出购物决定。

七是订阅模式。在互联网出现后，分期付款模式有了订阅模式这一升级版本。这种模式无须用户购买整套软件产品，而是通过分期购买互联网服务的方式，大大降低客户的一次性支出，同时将取消服务的权利交到客户手中，因而大行其道。瑞星的异军突起就得益于率先应用了这一模式。

八是圈地模式。这种模式是通过利益捆绑，使实体门店网络成为自己的宣传网、销售网或服务网。

九是新闻策划模式。此模式是创业者特别需要修炼的利用社会资源的能力之一。广告的强大作用在当今社会已是有目共睹，通过策划新闻事件或利用已有的新闻事件，来低成本地利用媒体。

十是竞拍模式。引入竞争不但可以拍出高价，而且还能够产生轰动效应，可以说一举两得，如谷歌的竞价排名。互联网的广告模式很多都借鉴这种方式，产生了极大的增值效应。

十一是逼宫模式。这是一种独特的造势营销模式。当初青岛啤酒为打开市场，用了这种模式进行促销。公司请名人到大酒店吃饭，点完菜后必点青岛啤酒，否则就不吃了。各酒店赶紧去打听，使得青岛啤酒一时声名鹊起。

第十一章
撬动资本：启动创业助推器

资本带来的不仅是资金

一般而言，资本是人类创造的物质财富和精神财富（各种社会经济资源）的总称。资本有很多种表现形式，最主要的是投资基金，这也是创业者所关心的。资本运作和商品经营、资产经营在本质上存在着紧密的联系，但又相互区别，不能将资产经营、商品经营与资本经营相等同。资本经营具有三大特征：

一是能够带来价值增值。资本闲置就是资本的损失，资本运作的生命在于运动，资本是有时间价值的。

二是要实现资本增值。这是资本运作的本质要求和内在特征。资本流动与重组的目的是实现资本最大化增值。企业的资本运动是资本在再生产过程中参与产品价值形成运动，使劳动者的活劳动与生产资料物化劳动相结合。资本作为活劳动的吸收器实现资本增值。

三是资本运作的不确定性风险与利益并存。任何投资活动都是风险资本的投入，不存在无风险的投资和收益。这就要求创业者和投资人在进行资本经营决策时，必须同时考虑资本的增值和存在的风险，应该从企业的长远发展着想，尽量分散资本的经营风险。注意优化资本结构来增强资本的抗风险能力，保证风险一定情况下收益最大。

资本首先为创业者带来资金，但资本不仅仅是资金，资本在运作过程中，除了追求最大化增值，还会产生多种附加价值。有人给出了这样一个等式：资本（运作）＝资金＋科技＋智慧＋人际关系＋社会关系＋文化。这是因资本运作是利用有限的一切可以产生价值的资源，运用市场法则，通过资本运作本身的技巧性，达到创利的最大化。

当资本投进一个企业时，会变成企业的生存能力，给这个企业带来很多变化。整个企业生存发展周期加快，原来需20年做的事，4年就可完成。创新的商业模式会不断出现，加速行业重构，但如果把以后10年投的钱在1年全部投下去，赚钱的生意就做成了不赚钱的生意。

资本运作与科技发展密切相关。真格基金创始人徐小平曾精辟地谈到这个问题。他曾举例说：由于资本力量的作用，智能驾驶的发展可能会摧毁酒店行业。到那时，如果去的地方正好是一夜车程，旅客可以头天晚上直接坐自动驾驶汽车过去，人在车里睡觉就行。

新兴科技将会带来翻天覆地的变化，在这种快速发展的态势背后，不能忽视资本力量所发挥的作用。徐小平说：创业者一辈子勤学苦练，刻苦钻研来探索未知世界，这种精神是非常伟大和感人的，也是中国发展的动力和希望所在。当创业者在创业路上走到人生重要转折点的时候，就需要资本这个东西。他说资本其实不仅仅是钱，用一个公式来说，资本＝资金＋经验＋资源。可见，资本是促进科技发展的一个非常重要的因素。

徐小平还讲了几个自己的故事。他曾投资一个电商，开始时这个电商的成长势头非常迅猛。他就根据过去投电商的经验告诉这个创始人，必须赶快雇一个在峰值期能够处理百亿元销售的CTO。对方回复说，没问题，已经雇了一个CTO，处理峰值十亿元的销售没问题。结果等到双十一的时候，这家电商的网站因为销售量太大彻底崩溃，一单都处理不了。当市场涌过来的时候，企业人才跟不上，一切都白搭。对事物预判的经验是资本能够带给创业者的，没走过这条路的人就无法理解问题是多么的可怕。

还有一次，徐小平对一个消费品电商的创业者说，融到资以后需要立马找一个 VP 级的公关，但对方回答是现在太早，不值得。当产品上线的第三个月，在企业自信的快进过程中，公关危机爆发，这位创业者被别人坑了。一个企业初创时就要匹配好人才结构，这同样是资本能够带来的经验。徐小平曾合作过了一个团队，五个人都是清华出身，从美国、日本聚集在一起，想成就一个伟大的梦想。创始人是一个学生，也没有什么经验，他就请了一个顾问，给了对方 20% 的股权，一般顾问给 0.5%~1.5% 的股权就够，不要太多了。还说，要把事情做起来，股权不重要。徐小平告诉他，当事情做起来的时候，你就会觉得股权重要了，觉得股权不重要是因为事情还没做成。在股权结构上，投资人的经验对于创业者也非常有帮助。

可见，投资人的经验、价值观、对重大问题的高度敏感性，也是资本带来的价值。总而言之，技术创业包括两个技术：一个是创业人的技术，另一个是商业技术。投资人能汇集更多资源，帮助创业者走向胜利，一个个地解决问题。当然，除了投资"硬技术"或经验之外，还得看创业人的团队合作能力。

为何10%的项目拿了90%的钱

据《2017 年互联网创业群体调查报告》数据显示，创业风险投资方面，数量从 2016 年开始持续下降，但金额却在增长，单一事件平均融资额相比 2016 年增长 40%。创业风险投资呈现两极化：10% 的项目拿走了 90% 的钱，投资趋向少数头部或目标项目靠拢。

在2017年创业方向上，多元、分散、跨领域成为最大特点，电商O2O、文化娱乐依然是创业的热门领域，但企业服务、云计算大数据、人工智能、智能制造几大领域快速崛起，占比已经超过28%，仅次于前者。创业在地域分布上也更加平均，北京、广东、上海、浙江数量位居前四，TOP10之外其他省份创业数量大幅提升，占比从去年的9%上升至19%。据统计数据显示，创业公司仅有1%的上市比例。

科技部、商务部、国家开发银行联合调研出炉的《中国创业风险投资发展报告2017》也表明，中国创业风险投资行业在机构数量、资本总量、投资金额等方面都显示出较好的增长势头。资本的蛋糕虽然变大了，但真正能把蛋糕吃到嘴里的人却只有少数。经历O2O大战、共享单车大战等激烈市场竞争后，有着雄厚资本的投资人的标准更加苛刻。那些怀揣梦想的创业者该怎样努力才能从激烈的竞争中得到风投呢？

从调查结果来看，有一些行业可能是投资人的首选。如电商、文化娱乐行业，可望成为新热点的还有企业服务、云计算大数据、人工智能、智能制造等行业。健康和教育行业也是比较能吸引投资人注意力的。

投资人首先看好的创业项目必须是能带来高收益的。投资人在投资时着重创业项目的前景，最直观的就是创业项目所带来的收益。一般将收益分两种，一种是目前的收益，另一种是潜在的未来收益。投资人在投资创业项目时，肯定希望这个项目能带来比较大的收益，还会注意一个创业项目是否有创新点。一个有创新点的创业项目在未来才会有更大的潜力，很多行业的市场饱和度已经达到最大化，所以没有创新点的创业项目很难获得收益，投资人不会轻易为一个没有创新点的创业项目进行投资的。

当然，投资人还会关注创业者或项目团队的创业态度。一个踏实努力、有拼搏精神的团队必然会吸引投资人。如今有一些投资人，更愿意去投资大学生，就是因为这些大学生还没有太多的生活压力，可以一门心思扑在项目上，为项目带来收益。投资人如遇见这样的创业者，自然是比较欣赏，也是愿意投资的。

总而言之，投资人对项目是有评判标准的，包括有足够吸引力（发展前景）、有独特技术、项目具有成本优势、是否能创造新市场、能否迅速占有市场份额、企业财务状况是否稳定、潜在高投资回报率、投资风险小、企业的盈利经历、能否创造利润、有无良好的创业管理团队、有无明确的投资退出渠道等，还有投资者加上符合时代潮流、能够为生活带来便利等。

如何快速拿到第一笔融资

创业者要快速拿到第一笔融资，必须知道怎样吸引投资人。那么，作为创业者，在寻找投资的时候，哪些做法能够让自己更容易获得投资人的青睐？对于那些从没有和投资人打过交道的创业者，就要看看有哪些渠道可以找到比较靠谱的投资人。没有渠道的，就要建立渠道。要想让投资人主动找上门，可以采用以下办法：

一是在免费推广渠道推送自己的产品。网络免费推广渠道可以有自媒体板块、新闻源推广、搜索引擎、微博板块、博客、视频网站、社区论坛等。将自己的产品推到免费的推广渠道，可以帮助自己吸引种子用户，同时也能吸引投资人的注意。

二是主动寻求互联网媒体的报道。在现在的互联网时代，很多投资经理都有看新闻的习惯。如果创业者能让自己的项目出现在特定新闻上面，只要产品或项目质量过硬，就会有很多投资人主动联系你。

三是将自己的产品推到融资平台。除了将自己的项目推到媒体或者免费的推广渠道之外，更加简单方便的办法，是将自己的项目推到融资平台进行融资。这样的方法有很大的好处，但过于直截了当是其不足之处。

四是参加创业生态圈或入驻孵化器联合办公场地。对于现在的创业者来说，除了以上这些方法之外，还可以选择参加创业生态圈或入驻孵化器联合办公场地，借助创业平台或者联合办公场地的资源，接触到投资人。

五是打造自己的品牌。对于有执行力的团队来说，完全可以打造自己的品牌，典型的案例有罗辑思维、papi 酱、咪蒙等。当产品或项目成为一个品牌的时候，投资人自然会主动找上门来投钱。

除此之外，创业者还可以通过一些办法主动寻找投资人：

一是请身边靠谱的朋友引荐。无论什么时候，由身边靠谱的朋友引荐，永远是寻找投资的最好方法。对于投资人来说，如果是熟人引荐的项目，也会更愿意投资，因为这里面包含了信用背书。

二是自己投递商业计划书给投资人。这种方法相对于投递给机构来说，要更进一步。但是，同样投递计划书之后石沉大海的可能性非常高，而且，还需要知道这些投资人的私人邮箱，难度会更大。

三是自己投递商业计划书给相关机构。这种方法一般情况下不推荐，因为每一天这些机构都会收到海量的商业计划书，越是知名的机构，收到的商业计划书越多，可能根本就看不过来。以经纬创投为例，最近几年，每年都会收到几万封商业计划书，他们一年其实也就投 60 多家，可见获投比例很小。如果是投递商业计划书给机构的话，可以选择一些知名投资人离职后的新创基金，他们更愿意给新人机会。

四是在各大咖啡厅寻找机会。3W 咖啡、车库咖啡、克拉咖啡等地方，每天都会有投资人在这里出现。如果创业者眼力够准的话，还是很容易碰到投资人的。

五是参加创投活动或者路演。现在北京、上海、深圳等城市几乎每天都会有各种互联网创业相关活动。如果创业者愿意的话，可以参加这些线下的沙龙活动，然后想办法拿到主讲投资人的联系方式。

六是私信社交媒体上的投资人。现在大多数投资人都会在各大社交网站或社交媒体上出现，可以在微博、知乎、微信公众号、脉脉上轻松找到这些投资人。

引进资本合伙人如何分配股权

创业公司应建立合理的股权分配制度，既能够通过资金股权吸引资本投资，又能够保证公司的创业活力。资金股权的确定还须进一步区分投资者类型，一般可分为个人投资和机构投资。由于投资机构都有一套价值评估系统，引资时须具体谈判，创业者在建立股权分配制度时，首先要确定的是个人投资的股权分配方案。

如果将创业看成一场马拉松拉力赛，那么车手最后可以胜出的原因，至少包括跑道选择、赛车手素质、跑车性能等。跑车借以启动和奔跑的汽油，当然是重要的，但却不是胜出的唯一因素。资本合伙人的早期出资，就好像那桶汽油，最初的公司启动资金如果是80万元，出资56万元的股东即使不参与创业和经营，占股70%也是被公认的。但按现在国际上的做法，只出钱不干活的股东"掏大钱、占小股"已成为常识。过去股东分股权的核心和依据是出资数目，钱是最大变量，现在一定要明确，股权分配的最大变量是人。

在创业初期，评估各自的贡献并不容易，这就使得创业团队的早期出资成了评估团队贡献的核心指标。这使有钱但缺乏创业能力与思维的合伙人成了公司大股东，有创业能力与心态，但资金不足的合伙人成了创业小伙伴。这种分配机制是不合适的，将核心合伙人的股权分为资金股与人力股，资金股应占小头，人力股占大头。创业之初，出资量都不大，多在几十万元以内，所占股权份额当然不应高估。对于投资在100万~200万元以内的出资人，按经验，资金股份额的合计也不应超过25%。

对于人力股，可以和创业团队五年服务期限挂钩，按期分配。根据一项调查数据，有43.11%的创业企业是完全按出资比例分配股权的，将合伙人出资当成决定股权分配的依据，这需要很慎重；有56.89%的创业企业不是按照出资比例分配股权。这类企业须决定合伙人股权分配数量的公平合理依据，如过去的工作履历、承担的创业风险、对创业项目现在和未来的参与度和贡献度等。

创业团队还应就股权的进入与退出机制，单独签署合伙人股权分配协议，因这些内容很难写进工商局推荐使用公司章程标准模板。合伙人股权战争最大的导火索之一，就是完全没有退出机制。如某合伙人早期出资5万元，持公司30%股权，但在干满6个月就因与创业团队不和主动离职，但退出团队的合伙人坚决不同意退股，理由包括：公司章程没有约定、《公司法》没有规定、股东之间也没签过任何协议或约定，甚至没有就退出机制做过沟通，自己出过钱又阶段性参与了创业。退出原因还可以有不胜任、健康原因、家庭变故等被动离职，即使合伙人认为不回购股权，既不公平也不合情理，但因事先未约定合伙人退出机制，对合法回购退出者的股权束手无策。

要确定退出机制，合伙人之间首先要就退出机制的公平合理性进行充分沟通，达到认同以后，先做好团队预期的管理，然后让方案落地。那么，涉及退出机制的合伙人股权分配协议，内容应该有哪些呢？

一是确定股权分配原则。在创业初期，合伙人的股权分成资金股与人力股，其中，资金股仅占小头，占到10%~25%。

二是规定合伙人退出机制。如合伙人离职，资金股与已成熟人力股可以兑现，未成熟的人力股应当被回购。

在创业企业中，有不少外部投资人控股的情况。例如：出资人投入70万元，创始人投30万元，股权结构是7∶3。到项目开始产生效益的时候，创始人发现：自己既出钱又出力，却只是一个小股东，投资人出钱不出力却成为大股东，这当然不公平。想启动融资，找其他合伙人进来，却发现没有股权空间。这就将引进优秀合伙人和后续投资机构的通道都堵上了。这时，如果强行对股权结构进行调整，甚至会出现关门散伙的情况。

怎么能够找到靠谱的投资人

资金对于创业者来说，在善于使用的情况下总是好的。但是，投资人却各有不同，如果错误地选择了不合适的投资人，就可能会对创业者的事业造成障碍或消极影响。从这一角度来看，资金对于创业，或许一半是天使、一半是魔鬼。当然，关于投资人的"魔鬼"故事，有些是误会，有些纯粹是虚假编造，但也有不少的确发生过。有一些很优秀的创业者就因为融资这件事被愚弄或者因做出错误选择而失败。因此，为了能够找到靠谱的投资人，创业者在选择投资人的时候，应该首先要尽职地做调查，碰到以下 9 种情况或信号时，务必要小心。

一是创业者在融资初期总是通过中介和投资者相联系。这时请小心谨慎一些。当创业者融资轮次进入 A/B/C 轮后，通过中介沟通会更普遍，某种程度这也是风险投资的特征。在早期阶段，如果创业人不是定期和天使投资人直接联络，很可能之后见面的可能性更小，更不用说这会带来低效沟通所产生的种种不良后果。如果有人准备把本来应该花在度假、买车或买房的钱给创业者，额度可能在 4 万元至 400 万元之间，这个人大概率应该会选择看着创业人的眼睛进行面对面交流。同理，如果创业者打算把自己企业个位数或者两位数的股权交给别人，肯定也会想好好花点时间和这个人相处。如果多次求见一位投资人，但对方总是以各种理由不出现，就不要拿这种投资人的钱。

二是投资人在网上缺少任何形式的档案或描述。的确有一些超级富有的投资人，不愿意在微信等社交媒体或者其他平台上露脸，这时就一定要小心一点。但一般来说，互联网上检索不出任何相关信息的总是需要提高一些警惕的。

三是过多注重估价问题。注意观察投资人是如何谈估值的。越不成熟的投资人，越想多占有你的股份。最典型的例子是投资人期望获得 51% 的股份。实际上，在绝大多数的融资轮次中，创业者只应拿出 10%～25% 的股份。以同样估值拿出较少的股份说明自己干得不错，付出股份较多意味着创业项目可能存在的风险较高。根据经验，创业公司在早期阶段不应该拿出超过 25% 的股份。否则，对创始团队、员工以及现在和未来的投资人的激励效果都会打折扣。在早期，任何人要求超过 25% 的股份都值得创业者花多一点时间认真考虑。

四是试着与投资人曾投资过的公司沟通。试着咨询一下投资人是否可以和之前投资过的公司沟通，如果遭到拒绝，或者对这一提议持保留态度，此时创业者应当高度警惕。和投资人之前投资的企业沟通对创业者来说是非常普通的一种尽职调查，有共同目标的投资人应当十分乐意分享此事。事实上，创业者并不需要获得投资人的许可，如果他们把被投资公司的名单列在融资或投资网站上，就可以直接和创始人取得联系。

五是警惕那些只谈钱的投资人。在创业的过程中，引荐、建议人脉关系及各项指导对于早期创业公司是极其宝贵的财富。优秀的天使投资人的价值，可以是他投资金额的10倍以上，这样的投资人会义务地扮演业务拓展人员、销售人员、人力资源经理等角色，给企业创造的价值远远不止提供的那些资金。创业者要学会开门见山地和投资人谈这些非现金部分的需求。

六是小心那些连标准化投资条款都不上心的人。对于投资条款，已经有非常多优秀的标准化模板，注意那些对清算（退场）选项过分执着的人，注意权利保证、带有惩罚性质的授予条款以及完全棘轮（反稀释）条款的表述。关于投资条款的一些术语，创业者一定要弄明白，好好了解这些术语，甚至要比自己的律师看上去更聪明。当然，如果创业者还没有律师的话，的确需要请一个。

七是注意承诺是否兑现。注意那些虽然给了口头的投资承诺，但事后却不见踪影的投资人。都不太习惯向别人说不，所以很多投资人口头上模模糊糊，但其实并不打算投资。

八是警惕那些索要过多财务指标测算的投资人。尤其是当公司还处在产品开发的早期阶段，这个时候过分强调数字，要么靠猜、要么纯粹就是浪费时间。但作为创业者，心里要对产品路线图非常清晰，如如何实现规模化、何时进入新市场，等等。除此之外，不要在预测上花费太多的时间。

九是第一印象不好。如果对投资人的第一印象不是很好，请多多留心。创业者不需要和所有的投资人都成为好搭档，事实上，也不应该这样，但并不是要一下子否定对方，如果对方让自己的确感觉有些异样，这时就要多花点时间再和对方一对一地好好沟通，再确认一下感觉。

在排除疑问或避免问题之后，就可以找到靠谱的投资人。当然，以上9种情况只是和早期投资人沟通时需要注意的一部分事项，对于中后期投资也同样适用，但在创业的早期尤其关键。选择谁做早期投资人，对于今后的融资成功与否至关重要，甚至对公司发展方向都会产生影响。有些投资人理应在某创业公司的下一轮融资时投钱，结果资金却被冻结，原因是过去诸多的违法事件被监管机构发现。如果这些人在创业公司的股东名单里，那么被一流VC选择的概率是很低的。创业者应该把该做的功课都做好，做得越早越好，越多越细致越好。不要害怕向准备投资的人多问一些问题、多索取一些信息，如果他们真的对创业者或项目感兴趣，理应乐意效劳。如果他们诚信睿智，他们会尊重创业者的质疑。如果他们总是疑神疑鬼，那么该重新认真考虑的人是创业者自己。

参考文献

[1] 彼得·F.德鲁克著，张炜译，《创新与创业精神》，上海人民出版社，2002

[2] 李开复、范海涛著，《世界因你不同：李开复自传》，中信出版社，2009

[3] 威廉·H.德雷帕三世著，李莉等译，《风险投资的游戏》，中信出版社，2011

[4] 维克托·迈尔–舍恩伯格、肯尼斯·库克耶著，周涛译，《大数据时代——生活、工作与思维的大变革》，浙江人民出版社，2012

[5] 埃里克·莱斯著，吴彤译，《精益创业：新创企业的成长思维》，中信出版社，2012

[6] 丹尼尔·卡尼曼著，胡晓姣等 译，《思考，快与慢》，中信出版社，2012

[7] 彼得·科伏特著，张春强等译，《顾问式销售的艺术：富有创意的说服与呈现技巧》，电子工业出版社，2012

[8] 丹尼尔·平克著，闾佳译，《全新销售：说服他人，从改变自己开始》，浙江人民出版社，2013

[9] Ash Maurya著，张玳译，埃里克·莱斯序，《精益创业实战》（第2版），人民邮电出版社，2013

[10] 奇普·希思、丹·希思著，姜奕晖译，《让创意更有黏性》，中信出版社，2014

[11] 彼得·蒂尔、布莱克·马斯特斯著，高玉芳 译，《从0到1：开启商业与未来的秘密》，中信出版社，2015

[12] 埃里克·施密斯著，靳婷婷等译，《重新定义公司——谷歌是如何运营的》，中信出版社，2015

[13] 本·霍洛维茨著，杨晓红等 译，《创业维艰——如何完成比难更难的事》，中信出版社，2015

[14] 阿什利·万斯著，周恒星 译，《硅谷钢铁侠——埃隆马斯克的冒险人生》，中信出版社，2016

[15] 尹淑娅，《风险投资中的创业企业价值评估模型及其运用》，《中国软科学》，1999（6）

[16] 张东生等，《创业投资基金运作机制的制度经济学分析》，《经济研究》，2000（4）

[17] 林强等，《创业理论及其架构分析》，《经济研究》，2001（9）

[18] 张帏等，《从硅谷的产业发展看创新与创业精神集成的重要性》，《中国软科学》，2003（9）

[19] 张玉利等，《企业家创业行为调查》，《经济理论与经济管理》，2003，V（9）

[20] 张玉利等，《中小企业创业的核心要素与创业环境分析》，《经济界》，2004（3）

[21] 林嵩等，《创业机会识别：概念、过程、影响因素和分析架构》，《科学学与科学技术管理》，2005，26（6）

[22] 张玉利等，《创业管理研究新观点综述》，《外国经济与管理》，2006，28（5）

[23] 钱苹等，《我国创业投资的回报率及其影响因素》，《经济研究》，2007（5）

[24] 程晋玲等，《企业家精神与企业创新——中国民营企业创业发展轨迹的思考》，《中国集体经济月刊》，2007（5）

[25] 焦豪等，《企业动态能力构建路径分析：基于创业导向和组织学习的视角》，《管理世界》，2008（4）

[26] 曹之然，《创业理论研究：共识、冲突、重构与观察》，《现代经济

探讨》, 2008（9）

[27] 林洪进等,《西方企业人力资本发展与制度演变的过程考察与分析》,《哈尔滨工业大学学报（社会科学版）》, 2008, 10（2）

[28] 李宏彬等,《企业家的创业与创新精神对中国经济增长的影响》,《经济研究》, 2009（10）

[29] 张振华,《创业团队胜任力结构与创业绩效关系的机理研究》,《吉林大学》, 2009（12）

[30] 张玉利等,《公司创业导向、双元能力与组织绩效》,《管理科学学报》, 2009, 12（1）

[31] 文亮等,《中小企业创业环境与创业绩效关系的实证研究》,《系统工程》, 2010, 28（10）

[32] 秦剑,《高不确定创业情境下的效果推理理论发展及其实证应用研究》,《经济管理》, 2010（12）

[33] 曾萍等,《环境变动、企业战略反应与动态能力的形成演化：理论模型与命题》,《华南理工大学学报（社会科学版）》, 2013（3）

[34] 方轶曼等,《浙江企业家精神研究文献综述》,《经营与管理》, 2014（8）

[35] 郑小碧,《天生全球化企业跨国创业机理与路径：组织学习的中介效应》,《研究与发展管理》, 2016, 28（2）

[36] 邵传林等,《企业家创业精神与创新驱动发展——基于中国省级层面的实证研究》,《当代经济管理》, 2017（5）

[37] 梁祺等,《社会网络影响个体创业意图的传导机制研究》,《管理评论》, 2017, 29（4）